Julius Hermann Schröder

Deutsche Baukunst

Julius Hermann Schröder

Deutsche Baukunst

Geschichte · Stile · Künstler

Gondrom

Dem Andenken meiner Eltern
Hermann Schröder und Amalie, geb. Frank
in Liebe und Dankbarkeit gewidmet

VORWORT

Die Schwierigkeit, die bedeutende Fülle des Stoffes zu verdichten, und die Folge der oft schmerzlichen, aber notwendigen Auslese sind mir bewußt. Trotzdem wagte ich die Arbeit, um dem Wunsche derer zu entsprechen, die als Laien sich in kurzem Abriß über die Stilentwicklung unterrichten oder als Studierende den Inhalt gehörter Vorträge in übersichtlicher, gedrängter Form zu besitzen wünschen. Die bildliche Wiedergabe in Gestalt der Zeichnung wurde gewählt, um das zu Schildernde eindringlicher darzustellen, auch im Bilde Entscheidendes von Unwesentlichem zu trennen. Dieses Buch beruht nicht auf selbständiger Forschung. Es fußt auf den Arbeiten anderer, denen ich mich zu Dank verpflichtet weiß. In besonderer Weise wurden Gedanken aufgegriffen, die in den Werken Dehios, v. Bezolds, Wilhelm Pinders, den Veröffentlichungen der einzelnen Verfasser des Burger-Brinckmannschen Handbuches der Kunstwissenschaften, Schubert von Solderns Architektonische Formenlehre und Hege-Barthels grundlegend erarbeitet sind. Ohne sie ist das Vorliegende nicht zu denken. Darum ist mein Dank nicht leere Form, sondern inneres Bedürfnis. Ich spreche ihn ebenfalls Herrn Baurat Dr. Hellmut Schenk aus, der mir bei der Bearbeitung der Texte zur Seite stand und mit dem mich seither eine herzliche Freundschaft verbindet. Dank auch dem Verleger, den Herren Rösler, die durch ihren Einsatz die Herausgabe ermöglichten, sowie meinem treuen, alten Freund Otto Alpers, der die typographischen und technischen Aufgaben löste.

Julius Hermann Schröder

INHALT

ANLEITUNG ZUM SELBSTSTUDIUM

Dies Buch ist zum *Selbststudium* gedacht. Es soll in das Gebiet der Baukunst, ihre einzelnen Epochen und Stilformen einführen. In knapper Darstellung soll es den Stoff in so geordneter Form umfassend zusammendrängen, daß es nichts Wesentliches beiseite läßt und einen vollständigen Überblick gewährt. Damit kann es dem *Laien* als Baufibel, dem *Studierenden* als Leitfaden dienen. Daher der Ausgangspunkt: *Es setzt nichts voraus* und enthält deswegen:

Eine Erklärung der Fachausdrücke als Anhang zum Nachschlagen, nach dem Alphabet geordnet, und eine Tafel, welche die wichtigsten Epochen mit ihren Daten aufzeigt, sowie für jene, die sich schnell über einzelne Bauwerke und Künstler, deren kunstgeschichtliche Bedeutung, Zusammenhänge und Daten unterrichten wollen, ein Orts- und Künstlerregister.

Als Hauptteil: Bilder mit Textunterschriften, so dargestellt, daß sie auf das Charakteristische und Wesentliche hinweisen. Dabei wurden als Abbildungen Strichzeichnungen gewählt, die u. a. den Vorteil haben, daß auch noch jene Stellen klar sichtbar bleiben, die im Lichtbild oft durch Schatten verdeckt sind, das Wichtige aus dem Zufälligen hervorheben und entscheidende Dinge veranschaulichen, die photographisch zu erfassen technisch nicht möglich ist. 5 mm der Grundrißzeichnungen in diesem Buch entsprechen 5,30 m am Bauwerk, sofern in den Abbildungstexten nichts anderes vermerkt ist.

Vor der Bildfolge jeder einzelnen Stilepoche ist ein zusammenhängender Text gegeben, der die Beziehung mit dem geschichtlichen Zeitraum vergegenwärtigt, in der jener Stilabschnitt zum Ausdruck der gestaltenden Kräfte wurde. Dieser Text will in das Wesen der einzelnen Stilformen und der Baukunst der einzelnen Jahrhunderte einführen und damit den Blick von einem oberflächlichen „nur Wissen um die Dinge" zu einem tieferen Verständnis leiten.

Jeder Umgang mit einem Buch setzt eine gewisse Erfahrung voraus. Darum wird dem geraten, der sich erstmalig mit dem Stoff beschäftigt, nicht zu Anfang die zusammenhängenden Texte zu lesen, sondern mit dem Betrachten der Bilder zu beginnen. Hierbei sollte er sich von den Bildunterschriften leiten lassen und ihm unbekannte Fachausdrücke im Anhang nachschlagen. Dadurch gewinnt er die Grundlagen, gleichsam das Alphabet und die Worte, welche ihm ermöglichen, die reinen Textgruppen dem sachlichen Inhalt nach zu verstehen. Zum Schluß sollte er dann, erfüllt von dem, was ihm der Text an Zusammenhängen lebendig machte, die Zeittafeln einsehen. Der Studierende aber, der schon durch Vorlesungen und Übungen in die Einzelheiten eingedrungen ist und dem gerade in solchen Vorträgen die Zusammenhänge lebendig wurden, wird sich, indem er dies liest und benutzt, seines Wissens versichern. Er wird es dankbar hinnehmen, daß das, was er sonst durch Auszüge aus vielen Büchern sich mühevoll und mit großem Zeitaufwand zusammenstellen müßte, im kurzen Überblick, aber doch mit sachlicher Gründlichkeit, soweit dies mit ernstem Ermessen möglich ist, geboten wird.

ANTIKE BAUKUNST

Antike Kunst will irdische Schönheit, Wohlklang, Ordnung. *Ordnung* bedeutet in der Baukunst: Schönheit der Form, das rechte Maß in den Verhältnissen der Teile zum Ganzen, Klarheit der Gliederung und des architektonischen Aufbaues.
Das Wort *Maß* muß hierbei einmal als gemessene Größe wörtlich genommen werden. Schöne Verhältnisse haben, heißt: in schönen Abmessungen zueinander stehen. Zum anderen ist Maß in übertragenem Sinne zu verstehen. Das bedeutet: alle Formen sind maßvoll, ebenmäßig. Die gegenseitigen Größenverhältnisse (Proportionen) werden in der griechischen Baukunst aus dem Maß des unteren Säulendurchmessers abgeleitet. Dieses wird in 30 Teile (Partes) geteilt. Die Abmessungen der einzelnen Glieder entsprechen dann einfachen, ganzzahligen Verhältnissen dieser Teile.

Vom Aufbau

Im architektonischen Aufbau zeigt *der griechische Tempel* (Abb. 5, 6, 7) als Kern antiker Baukunst:

1. den *Unterbau*, bestehend aus drei Stufen, deren oberste zugleich den Fußboden bildet und die Säulen trägt (Stylobat = säulentragend),
2. den *aufgehenden Baukörper*, bestehend aus den umfassenden Mauern und Säulen als raumschließende und tragende Teile,
3. das *Gebälk* mit *Decke*, *Dachstuhl* und *Dach* als die getragenen und schützenden Teile.
   Der Dachstuhl ist nach beiden Stirnseiten durch je ein *Giebeldreieck* geschlossen, das von dem schräg ansteigenden Gesims bekrönt wird. Das Gesims wird architektonisch aus den obersten Gliedern der Traufe und des seitlichen Dach- und Hauptgesimses gebildet, die gekröpft, d.h. über Eck, schräg aufwärts entlang der Oberkante des Giebeldreiecks hochgeführt werden (Tympanon = Giebeldreieck, Sima = Traufleiste).

In der griechischen Baukunst werden drei Ordnungen entwickelt: die *dorische*, *ionische* und *korinthische*. Obwohl die dorische als früheste und älteste, die ionische als mittlere, die korinthische als späteste entsteht, lösen sie einander nicht ab, sondern bestehen zu gleicher Zeit nebeneinander.
Das die Gestalt bestimmende Architekturglied ist die *Säule*. Dem Gesamtaufbau geben Säule, Gebälk und Giebeldreieck seinen charakteristischen Ausdruck.

Von der Säule

Die Säule ist wegen ihrer Ausmaße aus einzelnen, aufeinandergetürmten, zylinderförmigen Bausteinen = Trommeln zusammengefügt. Die Oberfläche ihres Schaftes ist nicht glatt. Somit ist der Säulenquerschnitt nicht einfach rund. Die Säule zeigt senkrecht verlaufende, eingekehlte Rillen, Hohlen, die sog. Kannelüren. Deren Querschnitt ist in den einzelnen Ordnungen verschieden. Der Säulenschaft der dorischen Ordnung steht unmittelbar auf dem dreistufigen Unterbau, in der ionischen und korinthischen Ordnung dagegen auf einem Säulenfuß = Basis. Den Übergang zum Gebälk bildet in allen drei Ordnungen ein Kopfstück = Kapitäl. Der Säulenschaft zeigt nach oben eine Verjüngung, d.h. der obere Säulendurchmesser ist kleiner als der untere. Auch verläuft die Randlinie nicht gerade, sondern schwillt im unteren Drittel leicht an, um in den oberen zwei Dritteln wieder an Schwellung abzunehmen.

Von Symbol, Stilisieren und Form

Verjüngung, Kannelüren und Schwellung (Entasis) bedeuten ein *Sichtbarmachen* der Aufgabe, die der Säule zukommt. Die Verjüngung läßt sie standfest erscheinen. Die Kannelüren zeigen die Richtung der Kraft und bilden klärende Oberflächenlinien. Die Schwellung bedeutet ein Übertragen von Vorstellungen (*Symbolisieren*) in Stein, die am menschlichen Körper gewonnen sind. Sie wird zum Sinnbild des Schwellens der Muskeln im Körper, der sich einer Last entgegenstemmt. — Neben solchem sinnbildlichen Darstellen überträgt alle Kunst Formen, die der Natur entnommen sind, vornehmlich die antike Baukunst. Sie erweitert sie, deutet sie aus den Erfordernissen des Werkmaterials oder der konstruktiven Notwendigkeiten um und stellt sie in einen neuen, architektonischen Zusammenhang. Solches Vorgehen heißt *Stilisieren.*

In der griechischen Baukunst geschieht das Stilisieren — Stil bilden, Ordnung bilden — ganz sichtbar aus dem Willen, Übergänge zwischen den einzelnen Gliedern der Form zu schaffen, d. h. diese zu einer Gesamtgestalt zusammenzubinden. Dies findet sich vor allem an den Stellen, welche einen Übergang vom Senkrechten zum Waagrechten zeigen, wie am Säulenkopf, Säulenfuß, an den Ober- und Unterkanten der Gebälke, den abschließenden Bekrönungen und Decken. Dabei spielen pflanzliche Formen, die sich der S-Linie angleichen, eine besondere Rolle. Unter ihnen sind die überfallende Blattwelle (Kymation) und die stehende Blattreihe in der Bekrönung (Sima) sowohl als Sinnbild, als auch in ihrer Stilisierung und ihrem Anschwellen und Einziehen besonders schön und eindringlich.

Charakteristisch für das griechische Formbilden ist aber immer: Klarheit der Linienführung und Plastik, Formenschönheit, Erfassen des organischen Wachstumszusammenhanges sowie des Sinnes der Form innerhalb des konstruktiven Aufbaues, d. h. innerhalb des Tragens und Lastens der Bauteile.

Bezeichnung der Grundformen

architektonischer Gliederung in der *Antike* (meist aus dem griechischen Worte stammend):

Krepidoma, Unterbau.
Stylobat, oberste, säulentragende Stufe des Unterbaues.
Stylos, Säule = stützendes Bauglied, aus rundem Querschnitt entwickelt (s. Abb. 5 (1—4), Abb. 6 (2—5), Abb. 7 (1—6)).
Epistylion, Architrav = Steinbalken des Hauptgebälkes = getragenes Bauglied (s. Abb. 5 (5) und Abb. 6 (6)).
Säulenbasis, Säulenfuß (s. Abb. 4).
Kapitäl, Säulenkopf (s. Abb. 3).
Kannelüre, senkrecht laufende Säulenhohlkehle (s. Abb. 5 (1), Abb. 6 (4) und Abb. 7 (3)).
Entasis, Schwellung beim Säulenschaft.
Tympanon, Giebeldreieck (s. Abb. 5 (10) mit Text).
Geison, bekrönendes Hauptgesims (s. Abb. 5 (8—11)).
Triglyphe, dreischlitzige Zierplatte, aus dem Balkenkopf der alten Holzkonstruktion entwickelt (s. Abb. 5 (7)).
Metope, Füllplatte für die Abstände zwischen den Triglyphen im Fries (s. Abb. 5 (7)).
Taenie, flaches Band (s. Abb. 5 (6)).
Kymation, Blattwelle (s. Abb. 2 (1—3)).
Sima, bekrönende Abschlußform der Traufe (s. Abb. 2 (4)).
Karnies, schräg nach oben vorspringende S-Form der Gesimse in der Form ähnlich der Sima, jedoch geschwungener und ausladender. Kommt auch in nach unten gerichteter Form in der spätrömischen Baukunst am Säulenfuß vor.
Torus, Wulst (s. Abb. 4).
Trochilus, ringförmige Hohlkehle im Säulenfuß (s. Abb. 4).
Plinthe, Fußplatte (s. Abb. 7 (1)).
Abakus, Deckplatte (s. Abb. 5 (4)).
Ante, Stirnpfeiler = über die Schmalseite des Baukörpers hinaus geringer oder stärker vorspringender Teil der Zella-Längswände. Sie wird wie die Säule mit Fuß = Basis und Kopf = Kapitäl durchgebildet.
Pilaster, Wandpfeiler, der der Wandfläche vorgelegt ist, mit Fuß und Kapitäl.
Charakteristische, ornamental-gereihte, band- und friesartige *Formen*: Eierstab, Perlschnur, Mäanderband, Zopfgeflecht, Herzblattfries.
Naos, Zelle = heiliger Kultraum.
Pronaos, Vorhalle.
Opistodomos, Posticum = Hinterhalle.

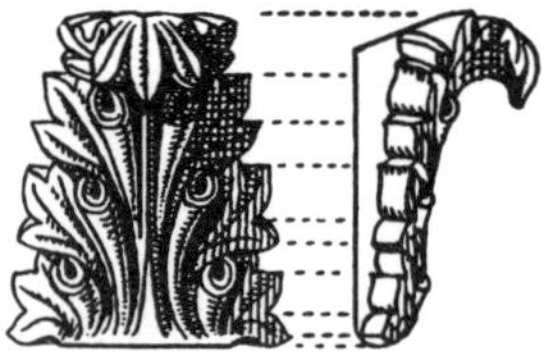

Abb. 1. Beispiel der Stilisierung natürlicher Formen pflanzlicher Bildung in der Antike. Durchbildung eines *Akanthusblattes* vom korinthischen Kapitäl am Turm der Winde, Athen (1. Jahrh. n. Chr.)
Die einzelnen Blätter sind durch Zwischenglieder zusammengebunden, die sich wie eine Falte vorwölben und oben in einer runden Einbuchtung (Öse) enden. Solch ein Zwischenglied zeigt die gleiche Linienführung wie die Blattrippen selbst. Es ist eingefügt, um die einzelnen Formen, die sonst unvermittelt nebeneinander stehen, durch Übergangsglieder zu einer Gesamtgestalt organisch zu verbinden.

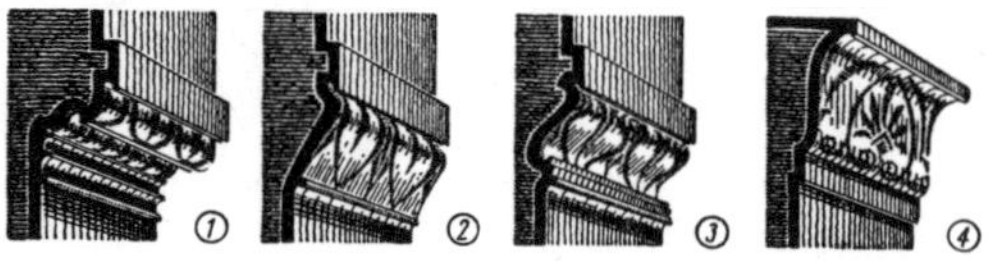

Abb. 2. Kymation und Sima. Kymation = Blattwelle = architektonisches Glied, im Querschnitt entstanden aus der Form eines überfallenden, von oben gedrückten Blattes. Dieses Glied ist häufig mit streng stilisierten, in stetiger Reihung sich gleichmäßig wiederholenden Blättern bemalt, welche seinen Ursprung sinnfällig kennzeichnen.
(1) dorisches Kymation = halbüberfallend, kommt vor a) beim dorischen Antenkapitäl; b) bei Gliedern des Kranzgesimses und der Decke.
(2) ionisches Kymation = ganzüberfallend, unten sich anschmiegend, kommt vor a) beim dorischen Kapitäl (mittlere, kissenartige Form, genannt Echinus); b) im Eierstab des ionischen Kapitäls; c) bei Balkendecken.
(3) lesbisches Kymation = mit unten nach auswärts aufbiegenden Spitzen, kommt vor in der ionischen Ordnung, oft gleichwertig mit dem Eierstab.
(4) Sima = Grundform der Traufrinne an den Dächern antiker Tempel. Der Ausdruck wird auch für die Gesamtbekrönung gebraucht. Aufrechtstehende, nur ganz leicht S-förmig gebogene, vorgeneigte Blattform. Kommt vor in Haupt- und Dachgesimsen antiker Tempel.
Gegensatz: Sima in dieser ursprünglichen Form = Ausdruck der Bekrönung, des unbelasteten Abschlusses; Kymation dagegen = Ausdruck des Belastetseins (nach Schubert von Soldern: „Architektonische Formenlehre").

Abb. 3. Antike Kapitälformen (rechte Seite oben)
(1) dorisch, vom Parthenon in Athen (5. Jahrh. v. Chr.). Beim Schaft der dorischen Säule schneiden die Kannelüren scharfkantig aneinander und bilden dabei senkrecht stehende Grate, die oben und unten stumpf anstoßen. Sie sind von halbkreisförmigem oder halbelliptischem Querschnitt. Unter der obersten Trommel ein Kerbeinschnitt = Skamillum.
Kopfstück gegliedert in: a) Riemchen = ganz schmale, im Querschnitt rechteckige Bänder, gleichsam als Erinnerung an das Band, womit bei der altägyptischen Papyrossäule das Kopfstück an den aus Papyrosstauden gebündelten Schaft gebunden war. Hier in Stein übertragen (stilisiert); b) Echinus = blattwellenförmiger Wulst als Übergang, bei frühen Formen noch weit ausladend,

fast auseinanderfließend, bei reifen Formen straff und edel gebildet; c) Abakus = quadratische Deckplatte. — Bemalung des Kapitäls: Abakus in rechteckiger Form mit Mäander-Ornament, Echinus im überfallenden wulstigen Teil als Blattwelle bemalt mit abwechselnd breiteren und spitzeren, nach unten umgebogenen Blättern (s. Text zu Abb. 2, ionisches Kymation).
(2) ionisch, vom Tempel der Nike apteros in Athen (430 v. Chr.). Ionisches Kapitäl: Kannelüren im Gegensatz zur dorischen Ordnung mit Steg und oberem rundem Abschluß. Leichter Ablauf, d. h. leichte, hohlkehlenartige Einziehung unterhalb des Halsringes und entsprechender Anlauf oberhalb der Basis. Halsring mit Perlstab (= Astragal), darüber Echinus, nicht so groß wie beim dorischen Kapitäl, aber nun als Eierstab plastisch durchgebildet. Darauf gelagertes Polster mit Voluten, nach den Seiten übergreifend, durch seitliche Bänder gefaßt. Abakus, hier schmale Deckplatte mit leicht nach oben aufgebogener Rundung als Profil.
(3) korinthisch, aus Epidaurus. Halsring mit Ablauf und Perlstab. Darüber geöffneter Akanthuskelch aus einer bis drei übereinander angeordneten Blattreihen überfallender Akanthusblätter (s. auch Abb. 1). In den Ecken paarweise aufsteigende Stengel, die in einer leichten Volute enden. Deckplatte = Abakus, quadratisch oder leicht ausgebuchtet, mit oder ohne Abschrägung der Ecken.
(4) Römisches Kompositkapitäl vom Titusbogen in Rom (81 n. Chr.). Gebildet durch Verschmelzen des ionischen und des korinthischen Kapitäls, wobei in der obersten Reihe des korinthischen Kapitäls die Akanthusblätter durch Voluten ersetzt werden, diese Voluten entweder wie beim ionischen Kapitäl horizontal verbunden oder aus dem inneren Kern entspringend.
Säulenproportionen: Dorisch in der besten Zeit 20 Kannelüren, Höhe der Säule $5^1/_2$ bis 6 Modul. — Modul = Maßstab. Als Modul oder Maßeinheit dient der untere Säulendurchmesser. — Ionisch in der besten Zeit 24 Kannelüren, Höhe = 9 bis 10 Modul. — Attisch-ionisch = 7 bis $9^1/_2$ Modul. — Korinthisch = $8^4/_5$ bis $10^1/_2$ Modul.

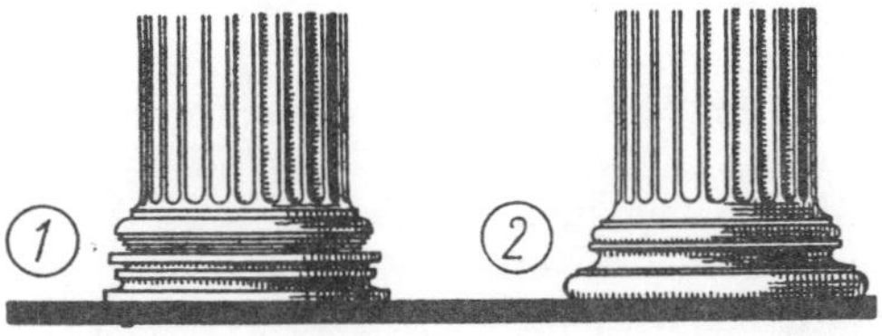

Abb. 4. Antike Säulenbasen. (1) ionische Säulenbasis, deren Form aus Kleinasien stammt, wird von den Griechen in die ihnen gemäßere, schlichtere (2) attisch-ionische Säulenbasis abgewandelt, später reich gegliedert. Als Abbildung entnommen: die erste vom Athena-Tempel zu Priene, die zweite von der nördlichen Vorhalle des Erechtheion auf der Akropolis in Athen ([480 v. Chr.], alte Anlage durch die Perser zerstört, 421—409 v. Chr. von neuem errichtet).

Abb. 5. Grundsätzlicher Aufbau, d. h. Ordnung eines *dorischen Tempels* nach dem Beispiel der Westfront des Poseidontempels in Pästum (um 425 v. Chr.).

Bauteilerklärung: (1) Säulenschaft: unmittelbar aus dem dreistufigen Unterbau wachsend mit scharfkantiger Kannelierung, Verjüngung und Schwellung; (2) Säulenhals: nach unten durch einen schmalen Einschnitt und nach oben durch drei Riemchen begrenzt; (3) Wulst oder Echinus = Kernstück des Kapitäls (s. Abb. 3); (4) Deckplatte oder Abakus; (5) tragender Hauptbalken oder Epistylion (Architrav); (6) gliedernde Zierleiste oder Taenia mit darunter befindlichen Regulae, das sind Plättchen von Breite der Triglyphen, unter denen je sechs Tropfen oder Guttae hängen; (7) Fries mit abwechselnd angeordneten Dreischlitzen oder Triglyphen und den dazwischen befindlichen Raum ausfüllenden Platten, den sogenannten Metopen, meist mit halbplastischen Bildwerken (Reliefs) geziert; (8) Mutulen, d. h. schmälere Platten unter der Hängeplatte mit darunter hängenden Tropfen; (9) Hängeplatte; (10) schräg aufsteigende Hängeplatte (darüber Zwischenglied in Form eines Kymations) begrenzt nach oben hin das sich über dem Gebälk erhebende niedrige Giebelfeld oder Tympanon, dessen Neigungswinkel, d. h. der Winkel am Dachfuß, bei den griechischen Ordnungen etwa 18^0 beträgt; (11) Traufrinne oder Sima.
(1) bis (4) bilden gemeinsam die Säule, (3) bis (4) das Kapitäl, (5) bis (7) das Gebälk, (8) bis (11) das Kranzgesims oder Geison; (6) bis (9) als Gesamt sind aus der ganz frühen Zapfkeilkonstruktion des ehemaligen Holzbaues entstandene, in Stein übertragene Formen.

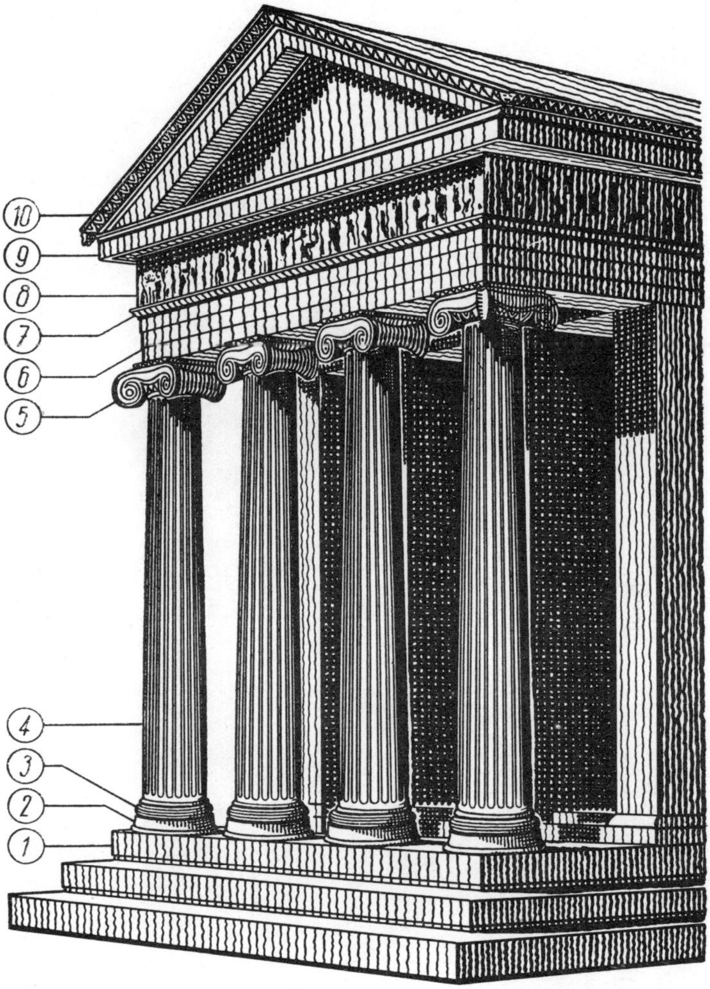

Abb. 6. Ordnung eines *ionischen Tempels* nach dem Beispiel des Tempels der ungeflügelten Siegesgöttin in Athen von Killikrates (um 421 v. Chr.).

Bauteilerklärung: (1) oberste Stufe des dreistufigen Unterbaues (Krepidoma); (2) einwärtsgeschweifte Hohlkehle, nach oben und unten vermittelnd, sogenannter Trochilus; (3) horizontalgefurchte Wulstpolsterplatte oder Torus (in frühen Formen glatt) (s. auch Abb. 4 (2)); (4) Säulenschaft mit — im Gegensatz zur dorischen Ordnung — durch Stege getrennten Kannelierungen, die oben und unten wie eine Mulde durch Rundungen abgeschlossen sind; (5) ionisches Kapitäl (s. Abb. 3 (2)); (6) Haupttragbalken oder Epistyl (Architrav), in der ionischen Ordnung dreigegliedert, um den sonst zu wuchtigen Balken, entsprechend den schlankeren Proportionen, leichter erscheinen zu lassen. Die Rücksprünge der drei Glieder sind abgemeißelt und täuschen eine Schichtung vor. Der Balken selbst besteht nur aus einem Stück; (7) Kymation; (8) im Gegensatz zur dorischen Ordnung, hier in der ionischen Ordnung ununterbrochen um das Gebäude herumlaufender Fries mit halbplastischen Bildwerken aus Götter- und Heldensagen; (9) weitvorspringende, stark unterschnittene Hängeplatte des Kranzgesimses oder Geisons; (10) bauchige Traufleiste oder Sima, die den Giebel oder Tympanon gegen das Dach hin abgrenzt.

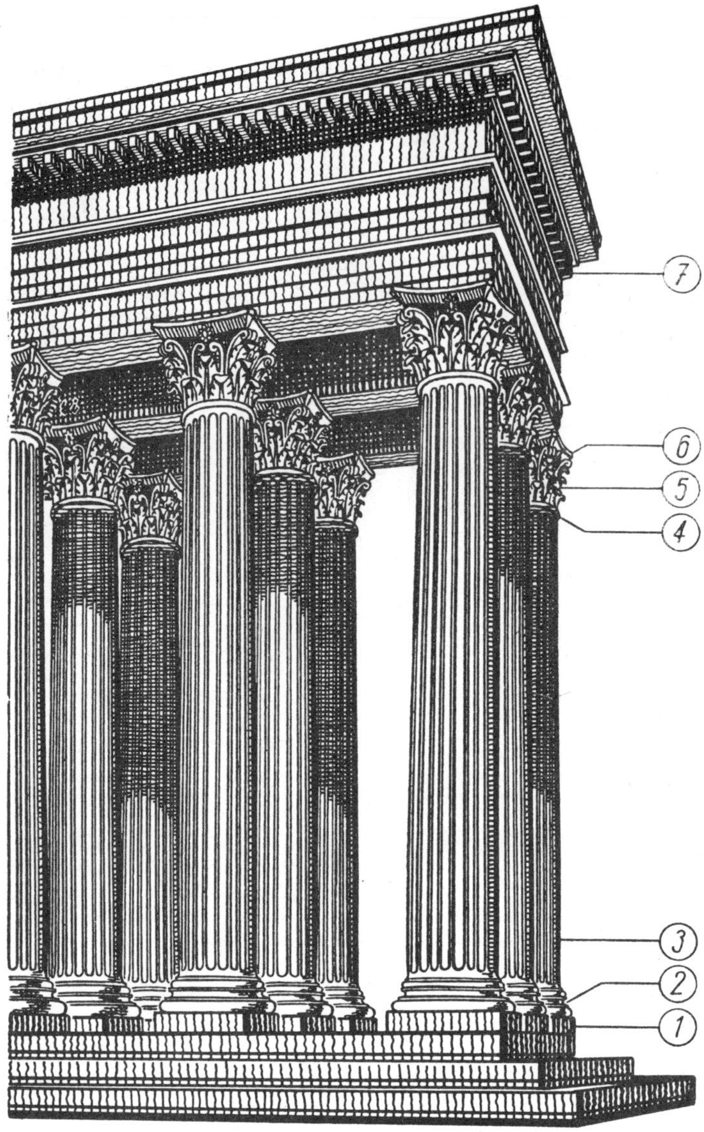

Abb. 7. Grundsätzlicher Aufbau, d. h. Ordnung eines *korinthischen Tempels* nach dem Beispiel der Südostseite des Olympieion in Athen (um 174 v. Chr.). — Bauteilerklärung: (1) Fußplatte oder Plinthe; (2) attisch-ionische Basis (Abb. 4 (2)); (3) Säulenschaft wie bei der ionischen Säule, jedoch mit schlankeren Proportionen; (4) Halsring oder Astragal; (5) Kelchkapitäl mit Akanthusblättern und Rankenvoluten (Abb. 1 und 3 (3)); (6) horizontalprofilierte, nach innen geschweifte und an den vier Ecken abgeschrägte Deckplatte oder Abakus; (7) Zahnschnittfries. — Um sich einen annähernden Begriff von der Größe des Bauwerkes machen zu können, sei erwähnt, daß die Höhe allein einer der drei Stufen des Unterbaues ca. 80 cm beträgt, was der gebräuchlichen Höhe eines Tisches entspricht.

Abb. 8. Teil der *Korenhalle* an der Südwestecke des Erechtheion in Athen (um 421—409 v. Chr.) mit drei der insgesamt sechs Karyatiden. Der Name „Korenhalle" von griechisch Kore = Mädchen. Bauteilerklärung: (1) Perlstab; (2) Eierstab; (3) Fußplatte oder Plinthe; (4) Karyatide, d. h. weibliche Figur, und zwar als tragende Figur durchgebildete Stütze an Stelle der Säule; (5) dreigeteilter Hauptbalken oder Epistyl (Architrav); (6) Zahnschnittfries.

ANTIKE UND ALTCHRISTLICHE BAUKUNST ALS GRUNDLAGE SPÄTERER BAUEPOCHEN

A) *Antike Baukunst* umfaßt: a) griechische Baukunst, Blütezeit 470—330 v. Chr.; b) römische Baukunst, Blütezeit 31 v. Chr.—Ende des 3. Jahrh. n. Chr.
Griechische Baukunst wesentlich formbildend. Die Form, aus dem feinen Empfinden für Tragen und Lasten entwickelt, wird zum Ausdruck der im Bauwerk wirkenden Kräfte. Raum: einfache Rechteckräume. Baukörper: einfache Rechtkantbaukörper mit vorgelagerten oder umlaufenden Säulenstellungen und flachgeneigtem Dach. Ausdruck: Dorische Ordnung stark männlich. Ionische Ordnung, mit stark pflanzlichen Formen und Voluten, mehr weiblich. Korinthische Ordnung Ausdruck des Reichen und Geschmückten. Eine jede aber in sich vollendet. — Die drei Ordnungen bilden insgesamt den inneren Formgehalt der griechischen Baukunst, der nicht nur in der Antike weiterwirkt, sondern darüber hinaus in der Art der Gliederung, der Durchbildung von Stütze und Gebälk, wie in der Schönheit der Einzelglieder, seinen inneren Einfluß auf die gesamte abendländische Baukunst auch dort behält, wo nicht etwa — wie in Renaissance und Klassizismus — solche Formen unmittelbar, sondern nur ihrem wesenhaften Sinne nach übernommen werden.
Römische Baukunst: Formengut der griechischen Baukunst im Grunde beibehalten. Nun die drei Ordnungen am selben Bauwerk nach Geschossen gestuft verwendet. Weiterentwickelte Formen: römisch-dorische Säule aus der etruskischen Säule, römisches Kompositkapitäl aus dem korinthischen Kapitäl (Abb. 3 (4)). Konstruktion: Von den Etruskern Rundbogen und Tonnengewölbe übernommen, unter dem Einfluß des Orients Kuppelbau und eine größere Mannigfaltigkeit der Raumbildung, unter der Vorherrschaft des konstruktiv-technischen Denkens der Römer Ausmaße und Konstruktionen gewaltig gesteigert (Kreuzgewölbe, Schalengewölbe).

B) *Altchristliche Baukunst* beginnt im 1. Jahrhundert n. Chr. in Kleinasien, verschmilzt mit den Elementen und Raumformen der byzantinischen und kleinasiatischen Baukunst, greift über ins weströmische Reich und erreicht ihre Blüte im 4. bis 6. Jahrh. n. Chr. in den großen Basiliken in Rom (Alt St. Peter [4. Jahrh., mit 7000 qm überbauter Fläche], St. Paul vor den Mauern [begonnen 386, Abb. 14], Sa. Maria Maggiore [um die Wende des 4.—5. Jahrh.]), in den ravennatischen Bauten (S. Apollinare nuovo in Ravenna [1. Viertel des 6. Jahrh.], S. Apollinare in Classe [534—549, Abb. 11, 12 und 13], S. Vitale in Ravenna [Weihe 547]) und in den Kuppelbauten (6. Jahrh.) in Byzanz (d. i. Konstantinopel) (Hagia Sophia [532—537, Abb. 9 (9)], Hagia Irene [Atrium 6. Jahrh., restauriert 8. Jahrh. nach Gurlitt, Abb. 9 (8)]).
Die Einzelformen in der altchristlichen Baukunst sind weniger vollendet als in der klassisch-griechischen, dagegen bereichert aus der Phantasie des Orients (Abb. 15). Von großer Eindringlichkeit aber sind die Raumbildungen, sei es in der Weiträumigkeit der altchristlichen Basiliken oder in der immer wieder die Phantasie und das baumeisterliche Können befruchtenden Gestalt der den Raum schließenden Kuppeln.
So wird griechische Antike zur Lehrmeisterin der Form, Rom zu jener der technischen Beherrschung, die altchristliche und byzantinische Kunst zu jener der Raumgestaltung. An Raumformen finden die jungen germanischen Völker, als sie in den Kulturraum des Mittelmeerbeckens einbrechen, jene Mannigfaltigkeit vor, die aus der antiken, byzantinischen und altchristlichen Baukunst entwickelt in Abb. 9 im Überblick gegeben ist.

Abb. 9. Raumformen in Grundrissen. Übersichtliche Darstellung der Entwicklung spätantiker und altchristlicher Grundrißformen. Die Maßstäbe der Grundrisse in dieser Vergleichstafel stimmen nicht mit den übrigen in diesem Buche überein, stehen aber untereinander mit Ausnahme von (1) und (8) in einem angenäherten Verhältnis.

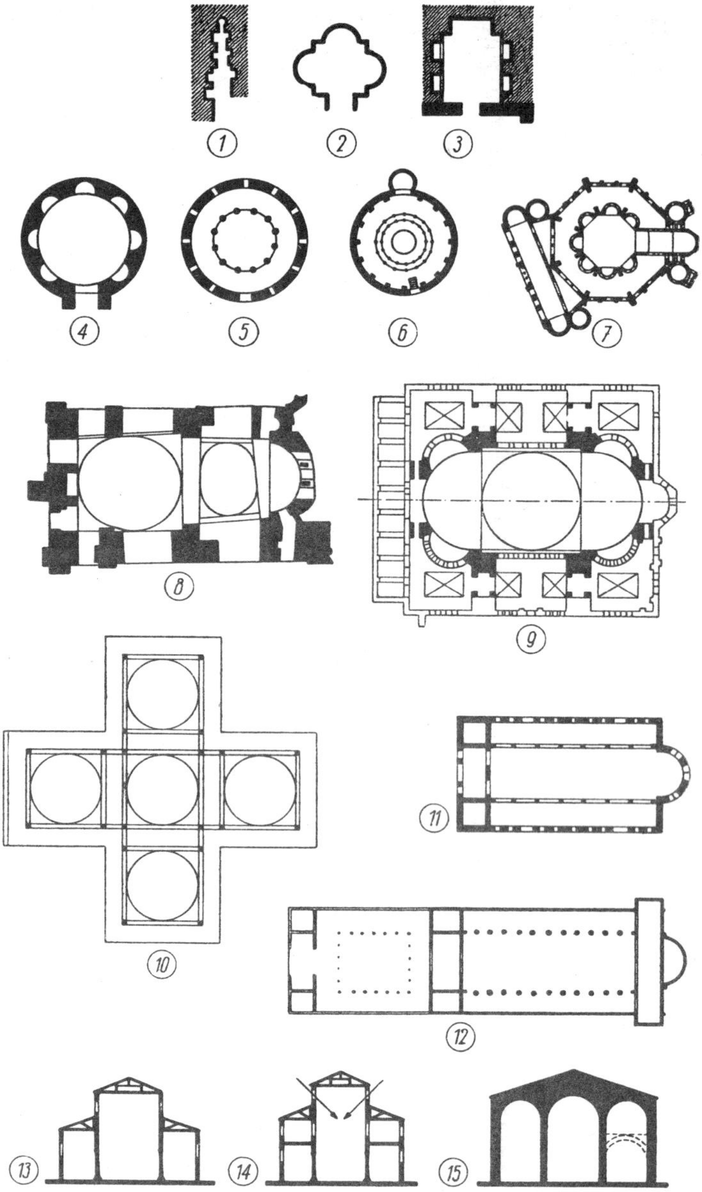

(1) und (3): Rechteckformen mit anschließenden Nischen an Längs- oder Querseiten (Konchien). Rechteckraumformen mit Nischen kommen in mannigfaltiger Weise in den weitverzweigten Anlagen der unterirdischen römischen Begräbnisstätten = Katakomben vor. Von da geht der Einfluß auf die Raumformen kultischer Art der mittelalterlichen Baukunst aus. In oberirdischen Bauten entwickeln sie sich aus der natürlichen Weise, Räume aneinanderzufügen oder zu unterteilen, so auch in griechischen und römischen Wohnbauten und Palästen. Derartige Aufteilung zieht sich auch durch die gesamte spätere Baukunst vor allem der Profanbauten.

(2): Kleeblattformen, bei denen an einem Rechteckkörper drei Nischen angefügt sind (tri = drei, griechisch Konchos = Nische, lateinisch Apsis = Nische, daher auch Trikonchos oder Drei-Apsidengrundriß genannt). Der Trikonchosgrundriß entwickelt sich in seinen kleinen Ausmaßen zunächst aus den Erfordernissen bei oberirdischen Begräbnisstätten (Mausoleen römischer Gräberfelder). Doch auch größere Anlagen dieser Form finden sich in römischen Kaiserpalästen (Hadrianspalast [ca. 117 bis 138] in Rom, Kaiserpalast [etwa zwischen 260 und 390] in Trier).

(4) Zentralgrundrisse mit starken Mauern, die den Schub der darüberliegenden Kuppel aufzunehmen im Stande sind. Jedoch werden dergestalt starke Mauern aufgelockert durch vom Innenraum her eingelassene runde oder rechteckige Nischen. Solche Zentralgrundrisse meist nur kleinere Anlagen, jedoch als Ausnahme überragendes Bauwerk: Pantheon (115—126) in Rom, mit

einem Durchmesser von ca. 39,5 m, Gesamthöhe ca. 43 m, Auge-Durchmesser ca. 9 m. In christlicher Zeit umbenannt in S. Maria Rotonda.
(5), (6) und (7): Zentralanlagen, rund oder vieleckig mit ein- oder mehrfachen inneren Säulenstellungen und Umgang. Diese Zentralanlagen lenken den Blick — wenn sie nicht übergroße Ausmaße haben — auf den Mittelpunkt. Daher werden sie vorbildlich für Bauten jener Kultformen, bei denen dieser Mittelpunkt den wesentlichen Kern des kultischen Geschehens bildet (Baptisterien = Taufkapellen, Begräbnisstätten von Heiligen und Märtyrern). Ohne Umgang = San Giovanni in Fonte (ursprünglich antike Thermen, unter Bischof Neon ca. 449—452 als Baptisterium), Ravenna. Mit Umgang = Santa Constanza (Ende 4. Jahrh.), Rom, San Stefano Rotondo (um 468—483, Durchmesser des Mittelraumes ca. 23 m), Rom, Baptisterium (1153 bis ca. 1278), Pisa (5), S. Maria Maggiore (Wende 4.—5. Jahrh.), Nocera (6), San Vitale (Weihe 547), Ravenna (7).
(8): Kuppelreihung sowie (9) und (10): Kuppelhäufung, beide ihrem Wesen nach kleinasiatische Formen. Die großen Bauten der Kuppelreihung und Kuppelhäufung der altchristlichen Baukunst gehören der Zeit Kaiser Justinians (527—565) an (in Byzanz Hagia Irene [ca. 6.—8. Jahrh.] (8), Hagia Sofia [532—537] (9), Apostel- oder Justinianskirche [536—546] (10)).

Dreischiffige Anlagen:
(11): oströmische Art ohne Querhaus
(12): weströmische Art mit Querhaus (Entwicklung für beide s. Abb. 10), dabei im Querschnitt entweder
(15) hallenartig durch Tonnen überdeckt, wobei alle drei Schiffe gleiche Höhe haben oder
(13) und (14) basilikal = flachgedeckt, ohne (13) oder mit Empore (14), mit Überhöhung des Mittelschiffes über die seitlichen Schiffe, wobei aus den Oberlichtfenstern über den Seitenschiffen, dem sogenannten Oberlichtgaden, das Licht in das Mittelschiff einfällt. Dadurch wird das Mittelschiff, stärker erhellt und von den niedrigeren und dunkleren Seitenräumen begleitet, zum betonten Hauptraum.
Die Grundrisse der dreischiffigen Basiliken zeigen die beiden typischen Formen, die oströmische und die weströmische. Deren Ursprung führt Dehio, der Altmeister der Bau- und Kunstgeschichte, auf die Entwicklung aus dem römischen und griechischen Haus zurück (s. Abb. 10). Gewisse Spätformen dieser profanen Anlage lassen darauf schließen, daß die von Säulen umgebenen und nach oben offenen Mittelräume, das Atrium des römischen bzw. das Peristyl des griechischen Hauses, später überdeckt wurden. Dabei erhielten die über die seitlichen Räume hinausgeführten Obermauern des Mittelteiles Fensteröffnungen, um diesen Mittelteil zu belichten.

Weiterentwicklung solcher Formen: Einfache oder zusammengesetzte Rechteck-Grundrisse mit Nischen bilden die Grundlage der meisten kleineren sowie dörflichen Kirchenanlagen. Der Trikonchosgrundriß — obwohl von besonderer Schönheit — wird mit Ausnahme einer Reihe kleiner Kirchen, die an der Grenze des ostfränkischen und westfränkischen Reiches und des Bodenseegebietes stehen, nur in ganz wenigen Fällen für große Bauten des Mittelalters benützt. Diese wenigen sind in der romanischen Epoche St. Maria im Kapitol (begonnen 953, Trikonchos Mitte des 11. Jahrh., Weihe 1049, Abb. 30), St. Aposteln (1021—1035) und Groß St. Martin (erstes Drittel des 13. Jahrh.) in Köln. In der gotischen Zeit: St. Elisabeth (1235—1283) in Marburg an der Lahn, Marienkirche (erste Erwähnung 1232, vollendet 1452) in Rostock.
Zentralbauten haben in der Epoche des Mittelalters nur in kleinen Kapellen, wie Marienkapelle (704—706) auf der Festung in Würzburg, St. Michaelskapelle (um 820) in Fulda, Nachfolge gefunden. Als Zentralbau mit Umgang schließen sich — als Ausnahme in der gesamten Baukunst des Mittelalters — das Aachener Münster (796—804, Abb. 16 und 17) und das diesem nachgebildete Ottmarsheim (um 1020) eng an das Vorbild von S. Vitale in Ravenna an.

Kuppelreihung und Kuppelhäufung kommen dagegen in der mittelalterlichen Baukunst nur in jenen Landstrichen vor, wo infolge des Handels mit dem Orient starke orientalische Einflüsse besonders wirksam werden, im Süden von Frankreich bis hinauf zum Charente-Fluß und in St. Markus (Gründung 830, Brand 960, Neubau 977—1052, erste Weihe 1085, zweite Weihe 1094) in Venedig.
Einschiffige, mit Tonnen überdeckte Räume kommen vorwiegend im nördlichen Spanien und südlichen Frankreich, dreischiffige mit Tonnen überwölbte Anlagen in der südlichen Hälfte von Frankreich etwa bis zur Höhe der Auvergne und Lyon, im Poitou und in der Landschaft des Charente vor. Dreischiffige Hallenanlagen finden sich in Syrien (Kalat Siman [5. Jahrh.], Turmanin [6. Jahrh., Abb. 9 (11)]). Die bekanntesten dreischiffigen basilikalen Anlagen des oströmischen Typus auf weströmischem Gebiet finden sich in Ravenna (S. Apollinare nuovo [erstes Viertel des 6. Jahrh.], S. Apollinare [534—549, Abb. 11, 12 und 13] in Classe, der Hafenstadt von Ravenna). Die drei größten Basiliken des weströmischen Typus sind St. Paul vor den Mauern (begonnen 386, Abb. 14), Santa Maria Maggiore (Wende des 4.—5. Jahrh.) und Alt-St. Peter (4. Jahrh.) in Rom (diese alte St. Peterskirche wurde beim Neubau der jetzigen Peterskirche in Rom, die an deren Stelle steht, abgetragen, wobei der Altar des Neubaues über dem Platz des alten Altares errichtet wurde. Unter der Kirche befindet sich, wie die neuesten Ausgrabungen bestätigen, das Grab des Apostels Petrus).

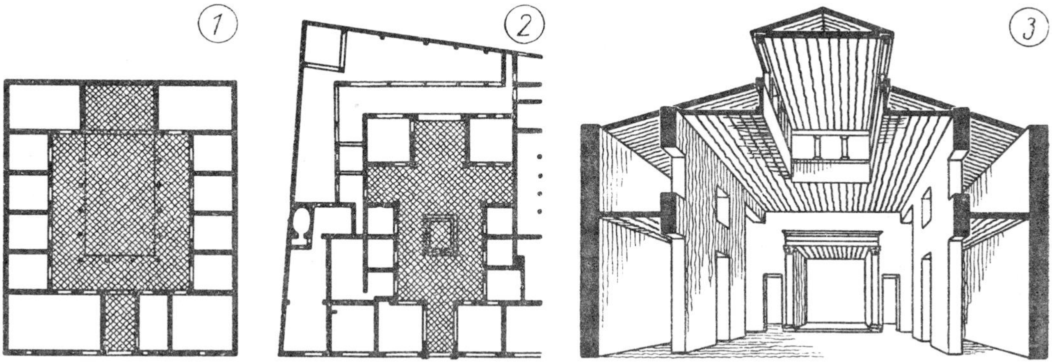

Abb. 10. Grundriß der (1) *ost- und* (2) *weströmischen Haustypen* sowie (3) Querschnitt mit späterem Aufbau zeigt die Entwicklung der altchristlich-oströmischen und -weströmischen Basilika aus dem griechischen und römischen Hause durch Überdachen des ehemals offenen Mittelraumes, im griechischen Peristyl, im römischen Atrium genannt.

Abb. 11. Oströmische Basilika, Baugesamt: St. Apollinare in Classe bei Ravenna (534 bis 549). Typus der oströmischen Basilika in Ravenna, unter dem Einfluß jener Baumeister entstanden, die Theoderich der Große für seine Bauten aus Ostrom heranzog. Die in späteren Jahren hinzugefügten Bauten an der Front, neben der Apsis und der jüngere frei davorstehende Turm sind weggelassen, um den Eindruck des ursprünglichen Gebäudes vor Augen zu führen. Apsis oder Konchie unmittelbar an den Längsraum des Mittelschiffes ohne Querhaus anschließend. Langhaus dreischiffig (s. Abb. 12). Lichteinfall aus den Fenstern in den erhöhten Obermauern des Mittelschiffes, des sogenannten Oberlichtgadens (s. Abb. 13).

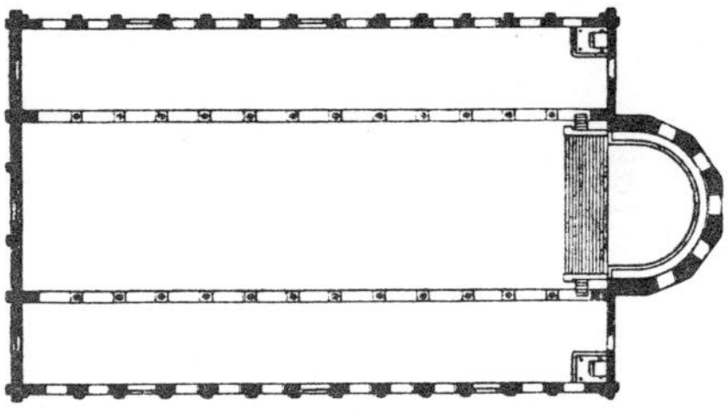

Abb. 12. Oströmische Basilika, Grundriß von St. Apollinare in Classe bei Ravenna (534—549) in seiner ursprünglichen Form. Länge ca. 58 m (s. Abb. 11 und 13 mit zugehörigen Texten).

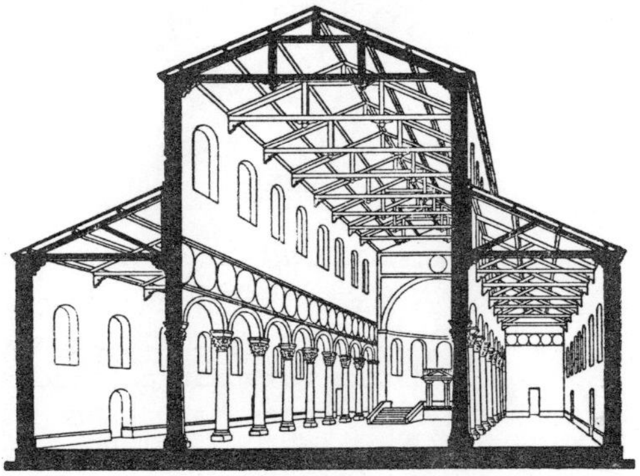

Abb. 13. Oströmische Basilika. Querschnitt durch St. Apollinare in Classe bei Ravenna (534—549). Charakteristisch für oströmische Form im Innern: Arkadenreihung über den Säulen an Stelle des Gebälks; Kapitäle mit aufgesetztem Kämpferstück; für die Basilika allgemein: Lichteinfall in das Mittelschiff aus den Fenstern des Oberlichtgadens.

Abb. 14. Weströmische Basilika: Blick in das Mittelschiff von St. Paul vor den Mauern (begonnen 386, 1823 abgebrannt, anschließend wieder in den angeblich ursprünglichen Formen rekonstruiert [nach Joseph]) über dem Grab des Apostels Paulus in Rom. Typus der weströmischen Basilika: zwischen Apsis = Konchie und dreischiffiges Langhaus schiebt sich wie eine Schlucht das Querhaus ein. Hinter dem mächtigen Triumphbogen am Ende des Langhauses wird in gewissem Abstand die Wölbung der Apsis sichtbar. Dieser Abstand = Breite des Querhauses. Charakteristisch für die altchristliche Basilika ganz im allgemeinen: Weite des Raumes. (Hier bei St. Paul vor den Mauern, im Gegensatz zu den weströmischen Gepflogenheiten, an Stelle des Gebälkes Arkadenreihung aus der oströmischen Basilika übernommen, zeigt, wie sich nun später solche Formen durchdringen.)

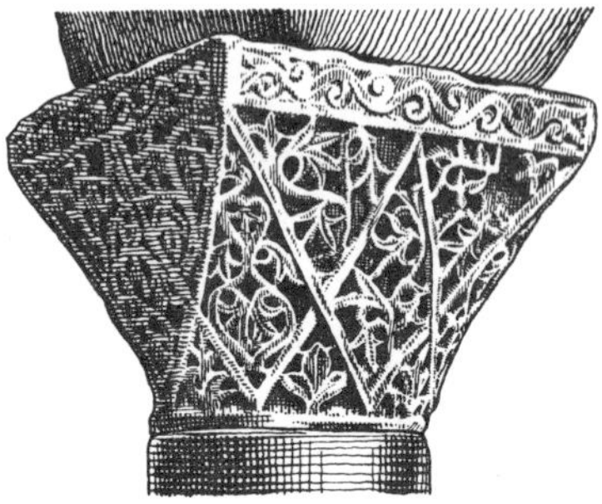

Abb. 15. Byzantinisches Trapezkapitäl aus S. Vitale zu Ravenna (Weihe 547). Reich mit Ornament überzogen. Dieses Ornament aber nicht, wie beim antiken Kapitäl, aus der Verrichtung des Tragens selbst entwickelt, sondern als Zierat über den geometrischen Grundkörper gelegt, der den Übergang von der runden Form der Säule zur quadratischen Deckplatte bildet (vgl. auch Abb. 3 und Abb. 29).

ROMANISCHE BAUKUNST

Romanische Baukunst, als erste große Epoche der mittelalterlichen Baukunst, trägt erstens abendländisches Gepräge, d.h. sie entspringt den Wurzeln aller abendländischen Kultur: der Antike und dem Christentum. Zum zweiten ist sie durch die Epoche bestimmt, in der sie geschichtlich entsteht. Es ist die Zeit des Heiligen Römischen Reiches Deutscher Nation, die Zeit herzoglicher und kaiserlicher Macht, des Rittertums und des Mönchtums. Zum dritten ist sie tief verwurzelt in der Art der Menschen, die sie schufen. Zwar übernimmt sie Einflüsse aus der Antike und altchristlichen Zeit. Deren geistiger Gehalt wird jedoch in einer kraftvollen, eigenständigen Art und einer besonderen Geistigkeit gewandelt.
Aus der griechischen Vorstellungs- und Formenwelt wirken hinein: das einmal der abendländischen Kultur eingeprägte Maß von Formenschönheit und Ordnung; aus der römischen Baukunst: Technik, Konstruktion und Steinschnitt; aus der altchristlich-byzantinischen Kunst: phantastische Gestaltung und Mannigfaltigkeit des Raumes, dazu Allegorie und Symbolik. Solche Einflüsse treffen auf Wesensverwandtes und gehen eine innere Verbindung ein. Der Raum wird zur Vielheit der einander zugeordneten Räume, die Baukörper zur reichen und doch klar gebildeten Gruppe. Der Grundriß wird in strenger Auslese zur Ordnung des „gebundenen Systems" der romanischen Basilika, sowohl in ihrer flachgedeckten, als auch in ihrer gewölbten Raumform. — Die reiche Ornamentik der Kapitäle und des figürlichen Schmuckes wird aus einer unendlichen Fülle phantastischer und symbolischer Gestalten entwickelt. Das Flecht- und Bänderwerk des Nordens und dessen aus der Natur gewonnene Symbolik fließt mit ein. Und das alles wird durchdrungen vom tiefen Glaubensgehalt der christlichen Heilslehre.
Romanische Baukunst umfaßt die Zeit von etwa 1000—1270, dazu ihre Vorstufen, die karolingische und ottonische Baukunst. Karolingische Baukunst von ca. 750—850 n. Chr., ottonische Baukunst ca. 930—1000 n. Chr.

Karolingische Baukunst

Raum oder Stilgruppe	Ort	Bauwerk	Entstehungszeit
Frankreich	Centula	Kloster S. Riquier	790
	Germigny-des-Prés (Orleans)	Kirche	806
Rheinisches Zentrum	Aachen	Pfalz (Abb. 16 u. 17)	796—804
	Werden a.d. Ruhr	Luciuskirche (Abb. 18)	beg. 995
	Lorsch	Pfalz, Torhalle und Kloster	um 830
	Ingelheim	Pfalz	um 800
	Nymwegen	Pfalz	799
Hessisches Zentrum:	Fulda	Dom (erste Fassung)	937
	Hersfeld	Klosterkirche (erste Fassung) (Abb. 23)	831 und 1038
Bodenseezentrum:	Reichenau	Klöster Niederzell	um 804
		Oberzell, St. Georg (Abb. 38)	836
		Mittelzell, St. Markus	813

Ottonische Baukunst

	Quedlinburg	Wiperti-Krypta	930
	Quedlinburg	Heinrichskirche	um 930
	Frohse	Probsteikirche	958
	Gernrode	St. Cyriakus (Abb. 19, 24, 25)	begonnen 961
	Quedlinburg	Servatiuskirche	997—1070
	Magdeburg	Dom (erste Fassung)	955
	Augsburg	Dom	995—11. Jahrh.

Romanische Baukunst

Flachgedeckte Basilika:			
Am Harzrand:	Hildesheim	St. Michael (Abb. 20, 27)	gegründet 1001, Bau 1031—1033, Restauration 1163
	Hildesheim	Dom, St. Marien	1055—1061
	Hildesheim	St. Godehard (Abb. 37)	1131—1172
	Goslar	Dom	1047—1049, Weihe 1050
Hirsauer Schule:	Hirsau	St. Aurelius	begonnen 1059, Umbau nach 1070
	Hirsau	St. Peter und Paul	1082—1091
	Paulinzella	Klosterkirche (Abb. 28)	1112—1132
	Hamersleben	ehem. Klosterkirche	1120—zweite Hälfte 12. Jahrh.
	Hadmersleben	ehem. Klosterkirche	zweite Hälfte 12. Jahrh.
	Halberstadt	Liebfrauenkirche	begonnen 1147
	Königslutter	Königskirche (Abb. 36)	begonnen 1135
	Jerichow	Prämonstratenserkirche (Abb. 29)	Gründung der Kolonie 1144, Gründung der Kirche 1149

Raum oder Stilgruppe	Ort	Bauwerk	Entstehungszeit
Im Süden:	Straßburg	Münster (erster Bau)	1015
	Freiburg	Münster (erster Bau)	begonnen ca. 1185
	Augsburg	Dom (Abb. 21)	Fortsetzg. des 995 beg. ersten Baues bis 11. Jh.
	Regensburg	St. Emmeram	1020
	Regensburg	Obermünster	1010
Spätform:	Regensburg	Schottenkirche St. Jakob	1150—1184
Gewölbte romanische Basilika:			
Am Rhein:	Mainz	Dom (Abb. 22)	erster Bau 978—1009, gewölbt 12. Jahrh.
	Speyer	Dom (Abb. 31, 39 und 40)	erster Bau 1030-1060, gewölbt 11. Jahrh.
	Worms	Dom (Abb. 41, 49 und 58)	erster Bau 996—1016, gewölbt 12. Jahrh.
	Maria Laach	Benediktinerkirche (Abb. 32 und 34)	begonnen 1093, Fortführung 1112, Vollendung 1156, Weihe 1159
An der damaligen Ostgrenze:	Magdeburg	Dom	erster Bau 955, Fortführung
	Naumburg	Dom	Langhaus seit 1210
	Bamberg	Dom	erster Bau 1007, Westchor seit 1185

Karolingische Baukunst

Karolingische Baukunst ist höfischen und klösterlichen Ursprunges. Die Ausgangszentren der höfischen sind am Niederrhein: Aachen, Essen, Werden an der Ruhr, — am Mittelrhein: Lorsch, Ingelheim; die Zentren klösterlicher Baukunst im hessischen Raum: Fulda, Hersfeld, — im Bodenseegebiet: die Reichenau und St. Gallen. Im Grundriß wie in Einzelform wird früheres Baugut übernommen. Dies geschieht einmal auf dem Wege stetiger Entwicklung in den Landschaftsräumen und Zeiten merowingischer und fränkischer Baukunst; zum anderen wird solches Vorbild direkt aus Italien entlehnt, wie der Grundriß von Aachen zeigt, der sich eng an S. Vitale, Ravenna, anschließt. An basilikalen Formen finden sich sowohl der oströmische querschifflose Grundriß wie der weströmische mit Querhaus. Das Querhaus hat, wie dort, noch keine ausgeschiedene Vierung, sodaß es sich wie eine Schlucht vor den Chor legt. Neu ist in einzelnen Fällen die Anordnung eines Chorquadrates, wodurch im Grundriß die Form des lateinischen Kreuzes entsteht. Das Querhaus ist vereinzelt durch Verlängern der Wände des Seitenschiffes unterteilt, sodaß rechts und links Nebenräume entstehen, an die häufig eine Apside angefügt ist. — Der Kreis der gebildeten Hofleute, die Karl der Große um sich sammelt, stellt zugleich auch die Baumeister. Das antike Formengut wird noch nicht aus eigenem Wesen umgeformt wie schon in der darauffolgenden ottonischen Zeit, sondern in einer, wenn auch manchmal entstellten Form übernommen. Dagegen zeigen die Kirchenräume der klösterlichen Anlagen eine starke Verinnerlichung, die zu Sammlung und Andacht zwingt. Ihnen gegenüber erscheinen Vorbilder der altchristlichen Zeit (Alt-St. Peter, Santa Maria Maggiore, St. Paul vor den Mauern) mit ihren weiträumigen Mittelschiffen eher wie festliche Räume. Diese Verinnerlichung wird zum entscheidenden Merkmal gegenüber der Baukunst des Südens.

Ottonische Baukunst

Die zweiten Drittel des 9. Jahrhunderts sind erfüllt vom Bruderzwist der Söhne Ludwigs des Frommen. Es ist eine Zeit der Verwüstung des Landes, des Verfalls alles Errungenen, der Zerrüttung der Zucht, der Auflösung der Klöster. Danach muß die Baukunst sich erst aus kleinen Anfängen entwickeln. Die Bauten Heinrichs I. in Quedlinburg: die Wiperti-Krypta und die Heinrichskirche, die den Unterbau der jetzigen Schloßkirche St. Servatius bildet, haben kleine Ausmaße. Ihr Grundriß und Raum: einmal als Umgang um einen flach-tonnengedeckten Mittelraum, zum anderen als dreischiffige Folge von Jochen mit Kreuzgratgewölben zeigt schon besondere Eigenart, obwohl sie in dieser Kleinheit an frühere Krypten erinnert. In der Form der Säulenkapitäle als Pilzkapitäl wie als Kegelstumpf über schmalem Halsring zeigt sich der Ansatz für jene Entwicklung, die dem Gestaltungswillen entsprungen ist: aus geometrisch-kristallklaren Grundformen die Baukörper wie den Raum und die plastischen Glieder zu bilden. Unter Otto I. setzt nach dem Sieg über die Ungarn die Entfaltung zur Größe und Vielfalt der Baugruppe ein. Die ausgegrabenen Fundamente des frühen Magdeburger Domes, den Otto 955 errichtete, zeigen schon Maße, die nur um ein Geringes hinter jenen des großen gotischen Baues zurückbleiben. Die von Markgraf Gero erbaute Stiftskirche St. Cyriakus in Gernrode ist von großer Mannigfaltigkeit der zusammengesetzten Baukörper und Schönheit des Raumes, der Proportionen und rhythmischen Gliederung der Wände. — In St. Michael, Hildesheim, ist diese Entwicklung vollendet. Der im Grundriß viereckige Raum, in dem sich Mittelschiff des Langhauses und Querhaus schneiden, ist durch Einziehen zweier Bögen in Verlängerung der Langhausmauern auch im Raume ausgeschieden, d. h. gegen die Querhausarme gegliedert. Das Querhaus liegt nicht mehr wie eine Schlucht zwischen Langhaus und Chor. Die Vierung, jener neu entstehende Raum, der sich gegen Langhaus, Arme des Querhauses und Chor durch vier Triumphbögen weit öffnet, ist zugleich durch diese Bögen gegen deren Räume architektonisch abgegrenzt. Mit dieser entscheidend neuen Raumform und der Mannigfaltigkeit der einander zugeordneten Räume und Baugruppen wird St. Michael, Hildesheim, zum reifen Bau des ersten Abschnittes der Epoche: der Zeit der flachgedeckten romanischen Basilika.

Zeit der flachgedeckten romanischen Basiliken

St. Michael als vollendeter Bau der ottonischen Zeit steht hier am Anfang. Er zeigt im Grundriß das Langhaus mit den beiden Seitenschiffen, zwei Querhäusern mit je einem Treppenturm in den Querachsen, zwei Chören, vor dem westlichen Chor ein Chorquadrat und Chorumgang. Die Doppelchörigkeit der Anlage mit den kleinen seitlichen Eingängen bewirkt jene große innere Beruhigung, die von dem Raum ausgeht, der nun nicht mehr zur Bewegung in einer Richtung zwingt. Alles scheint erfüllt von einer inneren Spannung, doch mit jener Ausgeglichenheit, die Halt gibt. — Gleich mit der Wende des Jahrtausends wird eine große Anzahl neuer Bauten begonnen. Alle diese Bauten sind zunächst flachgedeckte Basiliken: 978 Mainz, 995 Augsburg, 996 Worms, 1007 Bamberg, 1015 der erste Dom von Straßburg, 1010 das Obermünster, 1020 St. Emmeram zu Regensburg und 1034 Würzburg. Die ganze Kraft des jungen Kaisertums und der geistlichen Fürsten, noch geeint, scheint sich in solcher Entfaltung zusammenzuballen. Als Konrad II. den Thron besteigt, übergibt er seinen Stammsitz, die Limburg a. d. H., den Benediktinern zur Errichtung einer Abtei (gegr. 1025, Altarweihe 1035, Weihe des Hochaltars 1039, Konsekration 1042) und legt selbst den Grund zu dem mächtigen Kaiserdom in Speyer. Speyer hat im Gegensatz zu Hildesheim weder Westchor noch westliches Querhaus, sondern nur eine westliche Vorhalle. Mit solchem Eingang vom Westen und der Abfolge der Arkaden, der gewaltigen Länge und der Kuppel vor dem Chorquadrat, nimmt es jene Art des Grundrisses wieder auf, die, aus dem lateinischen Kreuz gebildet, den Blick des Eintretenden unmittelbar auf den Chor und das Allerheiligste zieht. Groß und reich ist der Chor aufgebaut mit Chorquadrat, Rundung,

Türmen in den Winkeln zwischen Querhaus, Chor und der mit Achteckkuppel überwölbten Vierung. Das Querhaus zeigt drei fast quadratische Joche. Das Ganze ist schon nahe der gebundenen Form, bei der dann aus der Größe der Vierung als Quadrat die Jocheinheiten vom Mittelschiff des Langhauses entwickelt werden. Dabei entfallen je zwei Joche der Seitenschiffe auf eines des Mittelschiffes. Speyer wird zum Vorbild für die beiden anderen großen rheinischen Dome Mainz und Worms, die, obwohl doppelchörig, doch jenen Zug der Bewegung beibehalten.

Zeit der romanischen Gewölbebasiliken

Speyer ist ursprünglich flachgedeckt. 1060 ist der Bau fertig. 1069 wird die Holzdecke durch Feuer zerstört. Heinrich IV. unternimmt es, das Mittelschiff zu wölben. Etwa um 1100 ist diese Arbeit abgeschlossen. Die Gewölbe von heute haben nicht die ursprüngliche Form. Sie stammen aus der Zeit des 12. Jahrhunderts. — Einmal wurden sie bei einer Feuersbrunst zerstört. Ein andermal unterspülte der Rhein die Fundamente. — Die Konstruktion als Kreuzgratgewölbe mit Gurtbogen, Stich und Busung ist das Ergebnis einer Entwicklung. Seitenschiffe und Krypta zeigen noch deren frühere Stufen. Sie führt über die hier erreichte Form bis zu den reifen Kreuzrippengewölben der späten romanischen Zeit.

Diese Entwicklung gilt es eingehend zu betrachten. Sie ist in sich vollendet und zugleich Vorstufe für die Entfaltung der Gewölbekunst in der gotischen Stilepoche.

Entwicklung des romanischen Kreuzgewölbes

Das Kreuzgewölbe (Abb. 59) entsteht aus der Durchdringung zweier gleichhoher Tonnengewölbe. Es erfordert, wenn der Bogen der Tonnen halbkreisförmig sein soll, daß die zu überwölbende Fläche im Grundriß ein Quadrat bildet. Die Durchdringungslinien, als in den Raum ausspringende *Grate*, stellen sich im Grundriß in der Form eines über den Diagonalen liegenden Kreuzes dar. Die Diagonalbögen haben dabei eine flache elliptische Form. Vorstufe sind jene Tonnengewölbe, in welche kleinere seitliche tonnen- oder kegelförmige Gewölbe einschneiden, mit denen etwa quergestellte Räume oder Leibungen der Fensteröffnungen in starkem Mauerwerk überwölbt werden. Das große Gewölbe wird durch die einschneidenden nach der Seite hin geöffnet. Solche kleineren Gewölbe haben den Namen Stichkappen.

1. Stufe: Erhalten nun die beiden Tonnen — die Haupt- und die einschneidende seitliche Stichkappentonne — gleiche Scheitelhöhe, so berühren sich im Scheitel der Gewölbe die Grate, in denen sich Haupt- und Nebentonne schneiden. Es entstehen vier gleiche Kappen. Die Diagonalen bilden im Grundriß jenes Kreuz. Als Diagonalbogen entsteht ein flach elliptischer Bogen wie im Beispiel der Krypta von Oberzell (Abb. 38). Solch flach elliptischer Bogen übt einen starken Seitenschub auf die Widerlagsmauern aus. Auch sind die Durchdringungsgrate am Scheitel schwer zu bilden, da die Gewölbe sehr flach aneinanderschneiden.
2. Stufe: Um nun den Schub auf die Widerlagsmauern zu verringern sowie die Möglichkeit zu geben, die Grate schärfer zu gestalten, wird bei späteren, reiferen Formen für die Wölbung ein halbkreisförmiger Diagonalbogen zugrunde gelegt. Dadurch erhalten zwangsläufig die Tonnen im Scheitel einen Knick. Ihr Querschnitt nimmt eine spitzbogige Form an, oder es entsteht ein Stich, d. h. der Scheitel der Diagonalbögen liegt höher als der Scheitel der Gurtbögen. Der Gewölberücken im Scheitel steigt um die Stichhöhe an. Dabei macht man schon früh die Erfahrung, daß dann der Grat eine unklare Form annimmt. Um dem zu begegnen, werden die Gewölbe später leicht gebust, d. h. sie erhalten in sich noch einmal eine Krümmung, wie beim Ausschnitt einer Kugeloberfläche.

   Werden eine Reihe solcher Gewölbe hintereinander wie nebeneinander angeordnet, so erweckt das einen hallenartigen Eindruck, d. h. es kommt eine Raumform zustande, bei der an die Stelle der Wände mittlere Säulen- oder Pfeilerstellungen treten.

3. Stufe: Die dritte Stufe bilden jene Gewölbe, bei denen von Säule zu Säule bzw. Pfeiler zu Pfeiler sogenannte Gurtbögen gespannt sind, die nun die einzelnen Kreuzgewölbe gegeneinander abtrennen und gleichzeitig erlauben, die Gewölbeschale schwächer zu mauern. In der räumlichen Form aber werden dadurch die einzelnen Kreuzgewölbe, die aneinandergereiht sind, zu selbständigen Gebilden, sogenannten Jochen (Beispiel der Krypta des Domes zu Speyer [Abb. 39]).
Solche formale Durchbildung kommt dem Gestaltungswillen der romanischen Zeit entgegen, da sie die Räume in einer großen Vielfalt und doch als selbständige Gebilde zusammenfügt. Derartige Kreuzgratgewölbe mit Gurtbögen kommen in den beiden Formen der ersten und zweiten Stufe mit flachelliptischen oder halbkreisförmigen Diagonalbogen vor, dabei die Kappen entweder mit geradem, mit leicht ansteigendem Scheitel oder mit Busung.

4. Stufe: Soll bei halbkreisförmigem Diagonalbogen über großer Spannweite jedoch der Scheitel waagrecht geführt werden, so muß der Gurtbogen, ebenso wie das Gewölbe, stärker gebrochene Form erhalten. Der Spitzbogen tritt dann klar in Erscheinung. Dadurch entstehen die spätesten Kreuzgratgewölbe der romanischen, wie die frühesten der gotischen Epoche (Abteikirche [1138 bis ca. 1181] in Knechtsteden, Pfarrkirche Unserer Lieben Frau zu Rufach i. E. [Anfänge im 11. Jahrh., Umbau und Wölbung 1220—1230]).
Alle diese Kreuzgewölbe der Stufen 1—4 fallen unter die gemeinsame Bezeichnung des *Kreuzgratgewölbes*, das vom *Kreuzrippengewölbe* unterschieden wird.

5. Stufe: Kreuzrippengewölbe. Zum ersten Mal im 12. Jahrhundert in der Kirche zu St. Gilles (seit 1116) zu Gard in Südfrankreich werden in der Diagonalen des Kreuzgewölbes als Verstärkung an den Graten Rippen angeordnet. Noch ist hier die tragende Funktion der Rippen nicht erkannt. Rippen wie Gewölbe werden schwer und massiv durchgebildet. Im Nordwesten Frankreichs, in der Ile de France und Normandie dagegen wird die Rippe als tragendes Glied ausgewertet. Aus der Erkenntnis, daß sie geeignet ist, den Schub des Gewölbes diagonal auf das Mauerwerk zu leiten, werden die zwischen den Rippen liegenden Kappen schwach gehalten und in der Richtung so eingewölbt, daß ihr Druck wiederum auf die Rippen übertragen wird. Diese leiten ihn auf die Wand an jene Stelle am Kämpfer, an der sie mit den Gurtbögen zusammenstoßen, sodaß nun die übrige Wand sehr stark entlastet wird. Damit ist zugleich eine Vollendung der früheren Stufen wie der Anfang zu der Entwicklung in der Gotik gegeben.

Den Ausdruck romanischer Haltung nehmen derartige Gewölbe an, wenn sie, obwohl spitzbogig, doch jenem grundlegenden Gestaltungswillen folgen, den Raum auch für das Empfinden so abzuschließen, daß kein Übermaß an Bewegungsdrang nach oben entsteht, wenn sie ferner, trotz ihrer nun möglichen leichteren Konstruktion, doch in ihrer Flächigkeit sowie im Profil der Gurtbögen und Diagonalrippen mit der festumgrenzenden, wenn auch gegliederten Wand zu einer raumschließenden Form verwachsen. Den Raumeindruck der gotischen Zeit aber vermitteln sie, wenn, wie sie gestatten, die Wandfläche selbst aufgelöst wird. Die verbleibenden Pfeiler werden dann in Dienste gegliedert, welche mit scharf und tiefgeschnittenen Profilen die einzelnen Bewegungen von der Sohle bis in die Rippen und Gurtbögen der Gewölbe gleiten lassen. Die Entwicklung in Deutschland geht mit jener in Frankreich parallel, wobei Deutschland, wie Burgund, noch länger an der romanischen Form festhält. Die gewölbten romanischen Dome in Mainz und Worms folgen auf Speyer. Bamberg und Naumburg zeigen jene spätesten Formen des Gewölbes, die jedoch im inneren Sinne wie auch in der Gestalt der Profile im Geist der romanischen Zeit durchgebildet sind.

Den zeitlichen Ablauf geben etwa folgende Daten: Die Decke des Mainzer Domes wird ebenfalls 1081 durch Brand zerstört. Unter Heinrich IV. wird die Wölbung begonnen, die 1137 vollendet ist. Worms folgt 1110—1181. Beide haben Diagonalrippen. Die Gewölbe von Mainz zeigen einen leichten Knick im Scheitel des Gurtbogens wie der Diagonalrippen, die nur gering angehoben sind. Die Kappen sind ein wenig gebust. In Worms dagegen sind die Gurtbögen

schon stark spitzbogig gebrochen. Die Diagonalbögen sind leicht gebrochen und erscheinen am Kämpfer gestelzt. Bamberg brennt 1081 und abermals 1185 bis auf die Mauern aus. Die Wölbung liegt etwa zwischen 1230 und 1237. Bei Naumburg erfolgt die Wölbung des Westchores in der heutigen Form erst nach 1249.
Als Raumerlebnis zeigen die drei großen romanischen Dome am Rhein — Speyer, Mainz, Worms —, infolge der großen Längenmaße und der geringen Breite des Schiffes im Vergleich zur Höhe sowie der engen Folge der Arkaden, bereits jene Bewegungstendenz, die der Gotik zu eigen ist. So sind sie — als Entwicklungsreihe zu jenem Ziele — vorgeschritten.
Betrachtet man aber die große Stille und den inneren Gehalt, die uns zum ersten Male in St. Michael, Hildesheim, mit seiner Doppelchörigkeit entgegentreten, als einen eigenen Wert, ja als den eigentlich dem Romanischen im Innersten entsprechenden Sinn, so bedeutet es nicht Rückschritt, sondern beglückende Vollendung, wenn nun Bamberg und Naumburg, die auf dem gleichen Grundriß mit zwei Chören aufbauen, diese gleiche Gehaltenheit, dieses Schwingen im Raume, diese richtungsfreie innere Gelassenheit auf jener Stufe zeigen, die durch die Wölbung erreicht ist. Hier ist die Versuchung viel größer, dem Bewegungsdrang der Senkrechten an den Pfeilern und der Diagonalen des Gewölbes nachzugeben, obwohl dies dem Grundriß widerspricht.
Aber noch in einem anderen sind Bamberg und Naumburg vollendet: im Einklang von Bildwerk und Bauwerk wie im Ebenmaß der Profile, das sich bis in die Gestalt der Rippen und Vorlagen verfolgen läßt und den Gedanken an burgundische und zisterziensische Einflüsse nahelegt.

Von den Hirsauer Baugewohnheiten

Gleichzeitig mit dieser Entfaltung zur großen Gewölbebasilika setzt eine neue Bewegung ein. Sie entwickelt aus den lithurgischen Bedürfnissen des mönchischen Lebens den Grundriß und Aufbau der flachgedeckten Basilika in der besonderen Anordnung dreier paralleler Chöre mit einem Turmpaar westlich am Querhaus. Diese Form macht sie zur bindenden Regel für alle jene Klöster, die sich ihr anschließen. Als im Jahre 1069 Abt Wilhelm von Hirsau die Leitung des Klosters übernimmt, entsendet er Mönche nach Cluny in Burgund, um dort die Gewohnheiten der Cluniazenser zu studieren. Von Cluny geht nach dem Verfall des mönchischen Lebens im 10. Jahrhundert eine Erneuerung aus. Mit den Aufzeichnungen bringen die Mönche auch, angeregt durch den zweiten Bau von Cluny (Weihe 981), Bericht über die dortigen Baugewohnheiten mit. Der Bau von Cluny zeigt jenen merkwürdigen Chorschluß, bei dem neben dem Hauptchor Parallelchöre angeordnet sind, in denen geistliche Andachten stattfinden und die Mönche ihre Bußübungen verrichten. Der erste Bau von Hirsau — St. Aurelius (begonnen 1059) — schließt sich offenbar eng dem Schema von Cluny an. In dem zweiten Bau von St. Peter und Paul (1082—1091) werden diese Parallelchöre durch eine Doppelarkade gegen den Hauptchor geöffnet. Das Presbyterium, d. h. der Raum für die Geistlichkeit, reicht bis in das erste Joch des Langhauses. Am Ende des Langhauses steht der Kreuzaltar. „Man unterschied zwischen Mönchen, die lesen konnten, und jenen, die im Gesang geschult waren. Diese hatten in der Vierung ihren Platz. Der Psalmengesang war das Hauptstück des Gottesdienstes der Mönche und beschäftigte sie mit kurzen Unterbrechungen den ganzen Tag und die zweite Hälfte der Nacht. — Das Presbyterium besitzt auch seine eigenen Türme. Sie sind an der Wand des Querschiffes über dem ersten Joch der Seitenschiffe angeordnet." Soweit Dehio, Geschichte der deutschen Baukunst. Hieraus ist der Einfluß zu ersehen, den die neue liturgische Ordnung auf den Bau nimmt. Für die Laien ist vor dem Langhaus der alte offene Vorhof, da er im nordischen Klima der Witterung ausgesetzt wäre, überdeckt und bildet eine Art Vorkirche.
An Formengut übernehmen die Hirsauer wenig aus Burgund. Aber sie bilden gemäß den Gewohnheiten der Benediktiner, die dem werktätigen Leben zugewendet sind und ihre Bauten selbst ausführen, eine Schule, in der die Handwerkstechnik des Steinschnittes, d. h. der genauen Rißzeichnung und exakten Verarbeitung des Steinmaterials, gepflegt und gefördert wird. Diese Ein-

flüsse sind überall dort zu erkennen, wo Hirsauer bauen. Der Hirsauer Kongregation schließen sich sehr viele Klöster an. So strahlt diese Entwicklung nach Schwaben, Bayern, Österreich, Hessen und Thüringen bis an den Harzrand aus. Ihr Weg in landschaftlicher Ausbreitung ist etwa gekennzeichnet durch die Bauten von Alpirsbach (1095—1098), Gengenbach (1120), Prüfening (1119), Paulinzella (1112—1132), Hamersleben (1120), Breitenau (1113). Eine vollendete Spätform von seltener Schönheit dieses Schemas findet sich in Königslutter (begonnen 1135), das, den Hirsauer Forderungen entsprechend, anfänglich flach gedeckt war. Unter Heinrich dem Löwen gewölbt, wandelt es seine frühere Eigenart der Raumform (Grundriß Abb. 36).

Ins Rheinland, als dem Ursprungsland der gewölbten Basilika, dringt diese Bewegung nicht ein. Doch sind abseits der großen Entwicklung Landschaftsräume, in denen sich die alte flachgedeckte Basilika bis in die Spätzeit der romanischen Epoche erhält. Sie nimmt dann eigene, oft sehr edle Formen an, ausgezeichnet in der werktechnischen Bearbeitung und steiler in den Proportionen, wie etwa die Schottenkirche St. Jakob in Regensburg an der Donau als einer dieser spätesten Ausläufer zeigt.

Abseits der Gesamtentwicklung jener Zeit stehen aber auch die Raum- und Grundrißformen von St. Maria im Kapitol (11. Jahrh.) zu Köln mit ihren Nachfolgern St. Aposteln (1021—1035) und Groß St. Martin (erstes Drittel des 13. Jahrh.), Köln, sowie der merkwürdige Chorschluß der Godehardskirche (1131—1172) in Hildesheim. Da sie von besonderer Schönheit des Raumes sind, läßt sich die Frage stellen, warum sie ohne Einfluß auf die Entwicklung insgesamt bleiben und woher sie etwa beeinflußt wurden. St. Maria im Kapitol mit ihren Nachfolgern sind die einzigen großen Trikonchosformen der romanischen Zeit. Eine Notiz, die auf die Lombardei hinweist, scheint Klarheit in die Zusammenhänge zu bringen. S. Lorenzo (4. Jahrh., nach Bränden 1071 und 1121 restauriert) in Mailand und der Dom S. Fedele (erster Bau 1396, zweiter Bau ca. 1487 bis ca. 1526) in Como sind danach als Möglichkeiten eines Einflusses einzubeziehen. Wenn sie aber ohne Nachfolge bleiben, so ist dies offenbar dem zuzuschreiben, daß die Entwicklung der Lithurgie Wege geht, denen jene anderen Grundriß- und Raumformen ihrem inneren Wesen nach entsprechen. St. Godehard, Hildesheim, dagegen weist mit seinem Chorumgang mit Kapellenkranz (Abb. 37) auf die Entwicklung in Frankreich, wo solche Formen schon früh im Süden auftauchen, in gotischer Zeit dann im Zentrum und im Nordwesten zu jener Großartigkeit entfaltet werden, die sich in den Kathedralgrundrissen der Gotik darbietet.

Abb. 16. Karolingischer Zentralbau. Blick in den achteckigen Mittelraum der Pfalzkapelle zu Aachen (796 bis 804), den großen Zentralbau karolingischer Zeit. Der in der Mitte des Hintergrundes durch die Bogen sichtbare Teil wurde später angefügt. (s. Abb. 17). Vorbild S. Vitale in Ravenna (Grundrißabbildung 9 (7)).

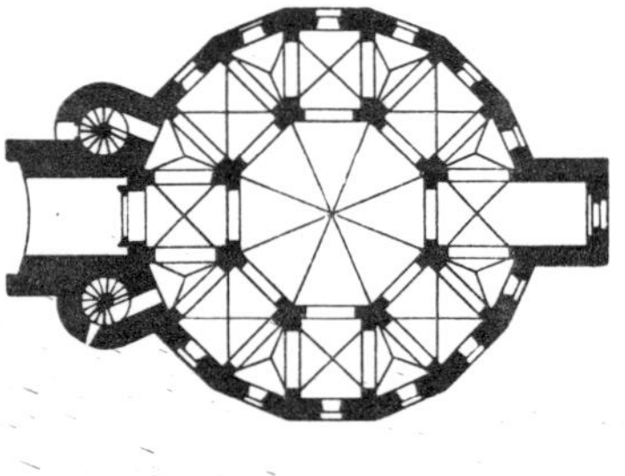

Abb. 17. Karolingischer Zentralbau. Grundriß der Pfalzkapelle zu Aachen (796–804), Durchmesser ca. 32,8 m. Die späteren An- und Umbauten sind weggelassen (s. Abb. 16). Neben der zentralen Anlage zwei westliche Treppentürme.

Neben dem großen Zentralbau in Aachen bestehen aus karolingischer Zeit noch zwei Anlagen, deren Entfaltung bei weitem über jene der kleinen, damals üblichen, hinausgeht. Allerdings sind beide nicht mehr erhalten. Centula in Nordwestfrankreich ist der große basilikale Bau karolingischer Zeit, jedoch nur noch in Fundamenten durch Ausgrabung festgestellt. Centula (790) und der Plan von St. Gallen (um 820) bilden den Ausgangspunkt für die Entwicklung der romanischen Basilika der reifen Zeit. Raum und Baumassen sind in geometrisch-klarer Form zusammengefügt aus Mittelschiff, Seitenschiffen, zwei Querhäusern, Chorquadrat und Chorumgang, wie sie sich zum ersten Mal in **St. Michael, Hildesheim, vollendet vorfinden (s. Abb. 20).**

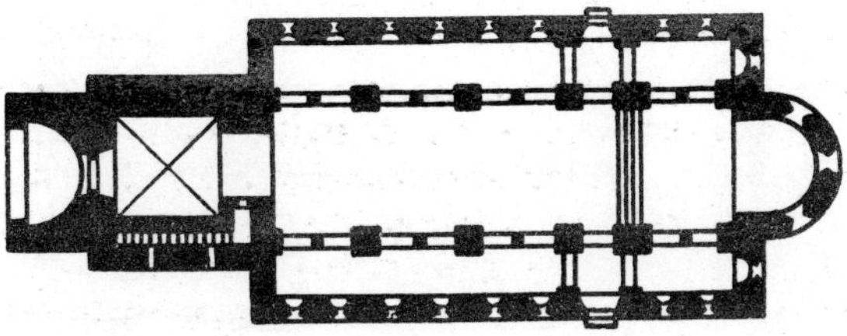

Abb. 18. Basilika nach oströmischem Schema. Grundriß der Luciuskirche (beg. 995) in Werden an der Ruhr; Länge ca. 74,2 m. Basilikale Anlage ohne Querhaus, jedoch am Ende der Seitenschiffe unterteilt. Mit einem Mittelturm über dem Eingang.

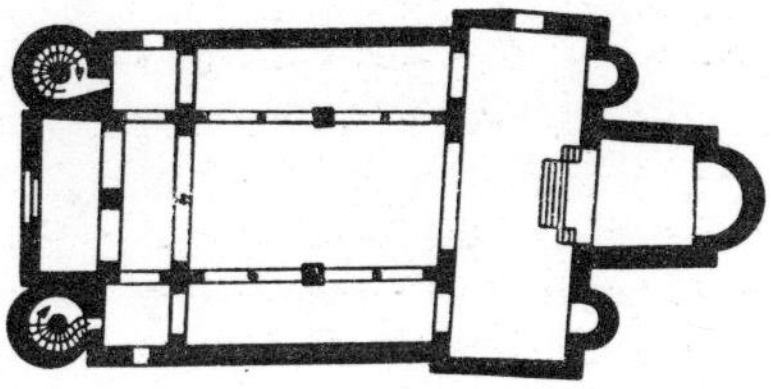

Abb. 19. Östliches Querhaus mit Einfügen des Chorquadrates. Grundriß der Stiftskirche St. Cyriakus in Gernrode am Harz (gegründet 961), Länge ca. 52,2 m (s. Abb. 24 und 25). Vierung im ursprünglichen Zustand noch nicht ausgeschieden (s. auch Blick in die Vierung Hersfeld, Abb. 23). Beiderseits in der Achse der Seitenschiffe am Querhaus Konchien. Chorquadrat, hier erstmalig vor der Apside angeordnet, gibt nun die Möglichkeit für eine solche ausgeschiedene Vierung, die dann auch im 12. Jahrhundert durch Einziehen von Triumphbögen im Querhaus vollendet wird. Achsenumbruch im Grundriß merkwürdig. Wohl durch spätere neue Ortung (= Bestimmung des Platzes) bedingt. Durch Markgraf Gero für die Tochter seines gefallenen Sohnes, Hathui, als adeliges Damenstift errichtet.

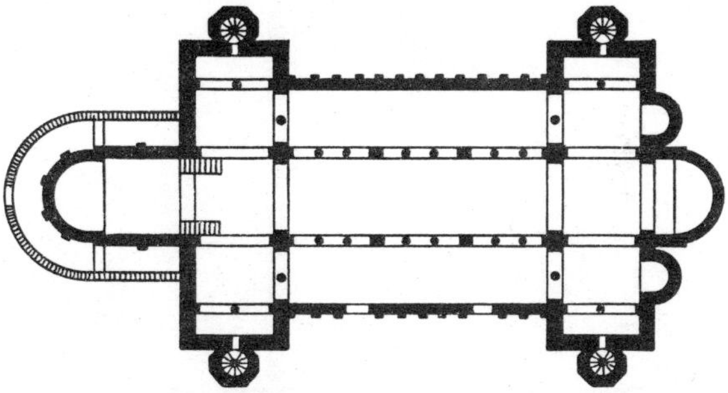

Abb. 20. Doppelchörige Anlage: Grundriß der Kirche St. Michael zu Hildesheim (1031 bis 1033), Länge ca. 77 m. Erste ausgeschiedene Vierung (nach Frankl). Erstes reifes Bauwerk der flachgedeckten romanischen Basilika mit der großen Vielheit der Bauteile: Mittelschiff, nördliches und südliches Seitenschiff, zwei Querhäuser, zwei Chöre, am östlichen Querhaus in Achse der Seitenschiffe zwei Konchien, Westchor mit Chorquadrat und Umgang, der jedoch noch nicht gegen den Hauptraum geöffnet ist. Vier seitliche Treppentürme in Querachse der beiden Querhäuser. Mit derartig vielfältigem Aufbau führt St. Michael, Hildesheim, die bereits in Centula und im Plan von St. Gallen im 9. Jahrhundert entwickelten Gedanken zur Reife. Gegenüber der Längsrichtung der Bewegung wird durch diese beiderseitigen Chorabschlüsse und die seitlichen Eingänge der Raum selbst geschlossen zum Ausdruck großer innerer Sammlung und Stille. Charakteristisch für Kirchen am Harzrand ist die Gliederung der Längswände durch den im sächsischen Land besonders bevorzugten Stützenwechsel. Hier je ein Pfeiler wechselnd mit zwei Säulen = doppelter Stützenwechsel.

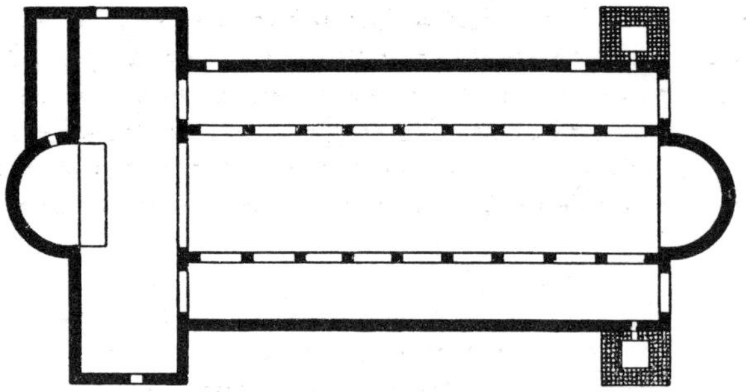

Abb. 21. Vierungsloser Chorschluß: Grundriß des Domes zu Augsburg (begonnen 995, beendet 11. Jahrh.), Länge ca. 78,3 m, Breite des Langhauses ca. 27 m. Gehört zur Gruppe jener Bauten, die um die Wende des Jahres 1000 die Entwicklung der großen, flachgedeckten Basiliken einleiten (Mainz, Speyer, Würzburg, Augsburg, Straßburg, Bamberg, Naumburg), von denen die meisten im 11. und 12. Jahrhundert durch späteren Umbau und Wölbung den anfänglich ottonischen Charakter verloren haben. Auch Augsburg in seiner jetzigen Form läßt die ursprüngliche Idee nur noch ahnen.

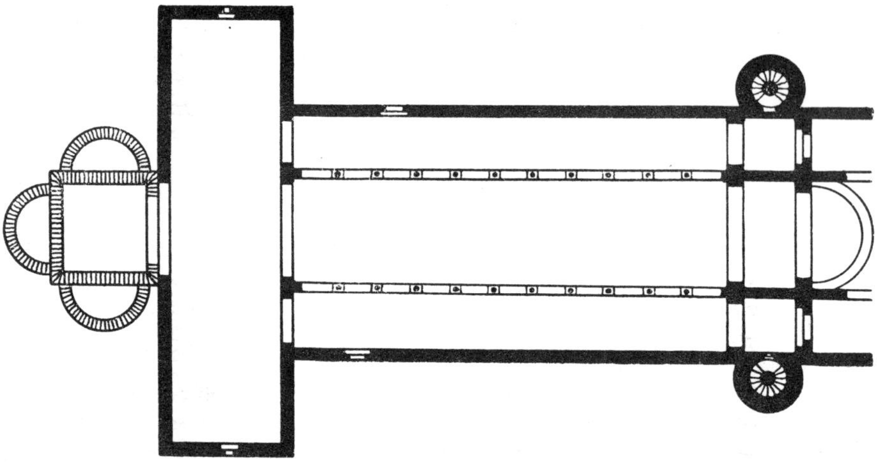

Abb. 22. Vierungsloser Chorschluß mit Trikonchos: Grundriß des Domes St. Martin zu Mainz (978 bis 1009, Ostchor nach 1081, Wölbung 12. Jahrh., Schlußweihe 1239, Erneuerung der Gewölbe 13. Jahrh., Trikonchos erstes Drittel des 13. Jahrh., gotische Kapellen 1279—1309, Brand 1767, anschließend Restauration und westlicher Vierungsturm von F. J. Neumann bis 1774, Ostvierungsturm 1869—1879), Länge ca. 120 m. Der Grundriß zeigt das frühe Stadium des Willigis-Bardo-Baues, der flachgedeckt war. Noch nicht ausgeschiedene Vierung. Merkwürdig: Trikonchos als Chorabschluß. Später als gewölbte Basilika stark gewandelt im Grundriß und monumentalen Aufbau (s. auch Text zu Abb. 21).

Abb. 23. Querhaus ohne Vierung: Blick aus dem Langhaus durch die Triumphbögen in das Querhaus und den Chor der Kirchenruine der Abtei in Hersfeld (begonnen 831). Innere Länge ca. 94,5 m, innere Breite ca. 30 m. Das übermäßig breit ausladende Querhaus ohne ausgeschiedene Vierung trennt den Chor stark vom Langhaus (s. auch Text zu Abb. 20: Hildesheim = erste ausgeschiedene Vierung).

Abb. 24. Romanische Emporenbasilika: Blick in das Mittelschiff der Stiftskirche St. Cyriakus in Gernrode (gegr. 961). Einfacher Stützenwechsel, Balkendecke, Auflockerung der Seitenwände mit Emporenarkaden (s. Abb. 19 und 25). Durchbildung einer großen Mannigfaltigkeit im Rhythmus bei Aufgliederung der Wand. Gegenrhythmische Verteilung der Emporenöffnungen mit ihren drei, je zweifach gekuppelten Arkaden, die jeweils auf zwei Öffnungen der Arkaden des Untergeschosses treffen. Besonders schöne Proportionierung des Raumes; Proportionierung (nach Ehrlich-Ballenstedt) aus regelmäßigem Fünfeck. Neben der kleinen Kirche St. Johannes (über römischem Kastell, 8. Jahrh. und Mitte des 12. Jahrh.) in Niederlahnstein am Rhein einzige bekannte Anlage einer frühen romanischen Basilika mit Emporen.

Abb. 25. Frühromanisches Baugesamt: Ansicht der Stiftskirche St. Cyriakus zu Gernrode (gegr. 961, Abb. 19 und 24). Der mannigfaltige Aufbau der Baumassen, zusammengefügt aus kristallin-geometrischen Formen, entspricht hier, wie in Abb. 26, der Grundhaltung der frühen und doch reinen und reifen Art, in welcher in der romanischen Stilepoche das Baugesamt gestaltet wird. Die einzelnen Glieder dieses Baugesamtes: Mittelschiff, Seitenschiffe, Querhaus und Apsiden bilden für sich räumlich wie der Form nach fast selbständige Baukörper, die aber doch in ihrer straffen Gruppierung zu einem einheitlichen Ganzen zusammenwirken. Die Baumassen erscheinen schwer, massig, erdgebunden und verraten ihre Herkunft aus jener Zeit, in der das kirchliche Bauwerk als Vorposten im kolonisierten und christianisierten Land im Falle der Gefahr der Bevölkerung zum Schutz diente. Selbst die architektonischen Glieder und Schmuckformen: Lisenen, Bänder, Rundbogenfriese und Zwerggalerien zeigen in ihrer Ausladung solche Zurückhaltung, daß sie Fläche und Baumasse nicht sprengen, sondern ihr jenen einfachen, baukörperlichen und flächigen Grundcharakter belassen.

Abb. 26. Schlichte romanische Baugruppe: Dorfkirche in Jeetze, Kreis Salzwedel in der Altmark. Die späteren Aufbauten sind auf dieser Zeichnung weggelassen. Klare geometrische Durchbildung der Baukörper (s. auch Text Abb. 25). Westliches breitgelagertes Turmhaus, einschiffiges Langhaus, Chorvorhaus (Chorquadrat) mit halbrunder Chornische (Apsis).

Abb. 27. Romanische Flachdeckbasilika: Blick in das Mittelschiff von St. Michael in Hildesheim nach Nordwesten (gegr. 1001, Baubeginn 1031, Bauende 1033, Restauration 1163, Erneuerung eines Teiles der Säulen mit Einfügung der jetzigen reichen Kapitäle 1171—1190, Deckenbemalung Anfang des 13. Jahrh., Chorschranke ca. 1200, Entfernung des Ostchores und der Vierungstürme 17. Jahrh., teilweise Wiederherstellung 20. Jahrh.). Doppelter Stützenwechsel, Flachdecke mit reicher Malerei (Bildfolgen aus dem Alten Testament, jetzt zerstört). Geschlossene große Wandflächen (Grundriß s. Abb. 20). Senkrechte Gliederung der Wand über den Arkaden noch nicht plastisch durchgebildet wie nach Entstehung der Hirsauer Baugewohnheiten (s. auch Abb. 28), son-

dern aufgemalt. Charakteristisch: sächsischer Stützenwechsel; Säulenbasen mit Eckblättern; Figurenkapitäle, jedes vom anderen verschieden; Ausscheidung der Vierung durch vier Triumphbögen.

Abb. 28. Hirsauer Schule: Blick in das Mittelschiff der Kirchenruine des Klosters Paulinzella in Thüringen nach Westen (begonnen 1112, Weihe 1132). Grundriß und Ornamentik entwickelt aufgrund der Hirsauer Baugewohnheiten. An Stelle des alten Würfelkapitäls hier Würfel-Scheibenkapitäle. Gliedernde Senkrechte über den Stützen zum Arkadengesims feinplastisch mit Schachbrettmuster (vgl. Abb. 33, St. Fides in Schlettstadt, und Abb. 36, Königslutter am Harzrande).

Abb. 29. Arkaden mit Trapezkapitälen aus der Prämonstratenserkirche in Jerichow bei Tangermünde. Ziegelbau (begonnen 1149). Vorbildliche Entwicklung der Form des Kapitäls aus dem herben Material des Backsteines in schlichter geometrischer Körperlichkeit.

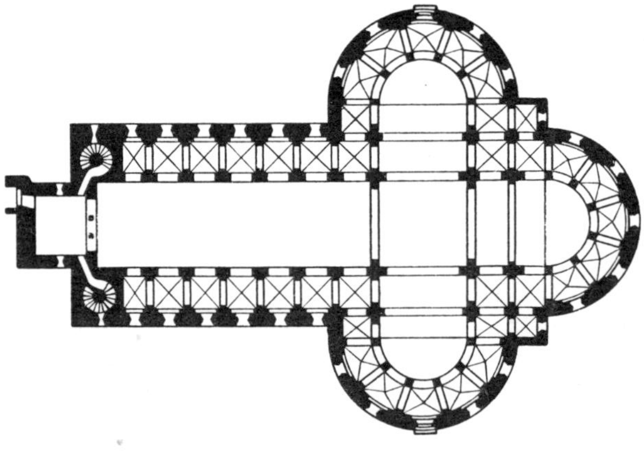

Abb. 30. Romanischer Trikonchos: Grundriß von St. Maria im Kapitol in Köln (begonnen 953, Trikonchos Mitte 11. Jh., Weihe 1049), Länge ca. 81,2 m. Vorbildlich schöne Raumaufteilung aus dem Trikonchos (Entwicklung aus Abb. 9 (2)). Die mit Kreuzgewölbe überwölbten niederen Seitenschiffe sind hier als Umgang auch im Innern der drei Konchienarme des kleeblattförmigen Chores umgeführt. Viertelkugelförmige Kuppeln über den Konchien, Tonnenüberwölbung über den hier sehr schmalen, den Rundungen der Apsiden vorgelagerten Chorrechtecken. Der Übergang von der Vierung zur Rundkuppel wird durch runde Zwickelgewölbe gebildet. Damit nimmt die Gesamtform der Wölbung in der Konstruktion

jene der Kuppeln der altchristlich-byzantinischen Baukunst wieder auf, jedoch nicht ins Weite verschwimmend, sondern weiterentwickelt zur verinnerlichten Form.
Im Grundriß wird hier bereits ein Reichtum der Durchbildung des Chores entfaltet, dessen Grundgedanken später in den Chorgestaltungen der großen gotischen Dome wiederkehren (vgl. Abb. 61, 62 und 63).

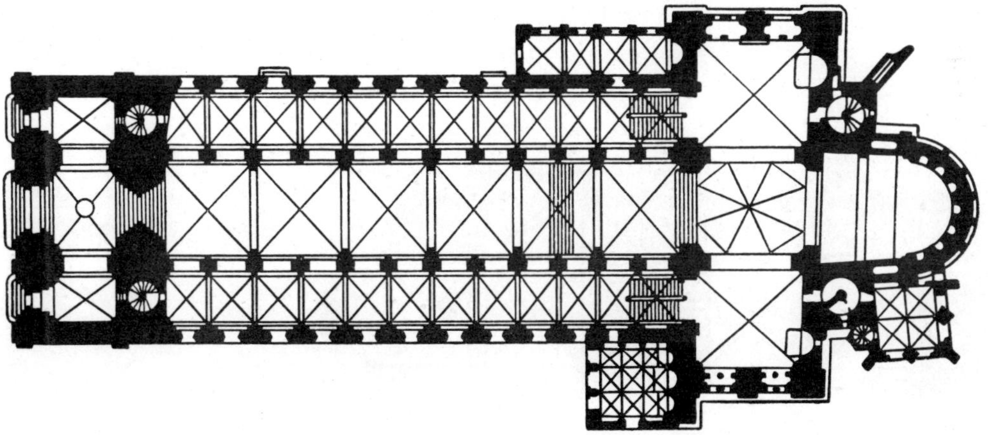

Abb. 31. Kaiserdom: Grundriß des Domes St. Maria und St. Stephan zu Speyer (erster Bau 1030 —1060, Weihe 1061, zweite Bauzeit 1082—1112 mit erster Wölbung, Ostapsis und östlichem Vierungsturm, Brand und Gewölbeeinsturz 1159, anschließend dritte Bauzeit mit zweiter Wölbung [Gurte und Rippen], erste Verwüstung 1689, Restauration durch F. J. Neumann 1774—1792, zweite Verwüstung 1793, Restauration ab 1852), Länge ca. 133 m (s. Abb. 39 und 40). Der großartige Bau schon in der ersten Anlage Konrads II. in Ausmaßen und Aufbau festgelegt. Mittelschiff ursprünglich flachgedeckt wie in der Schwesteranlage in Limburg an der Haardt. Später unter Heinrich IV. gewölbt, wobei die schöne Gliederung des Grundrisses und die Idee der Formgebung der Seitenschiffe (die ebenfalls wie die Krypta schon früher mit Kreuzgratgewölben zwischen Gurtbogen gewölbt waren) nun erlaubt, je zwei Jochen der Seitenschiffe ein Joch des Mittelschiffes zuzuordnen. Mit dieser Aufteilung wird Speyer zur Vorstufe der „gebundenen" Form des romanischen Grundrisses. Das dem Chor vorgelegte Quadrat schafft die konstruktive Vorbedingung für die Durchbildung der ausgeschiedenen Vierung, über der sich, mit Trompen in den Ecken als Übergang zum Achteck, die Kuppel als Klostergewölbe erhebt (vgl. auch Vierungskuppel in Worms, Abb. 41).

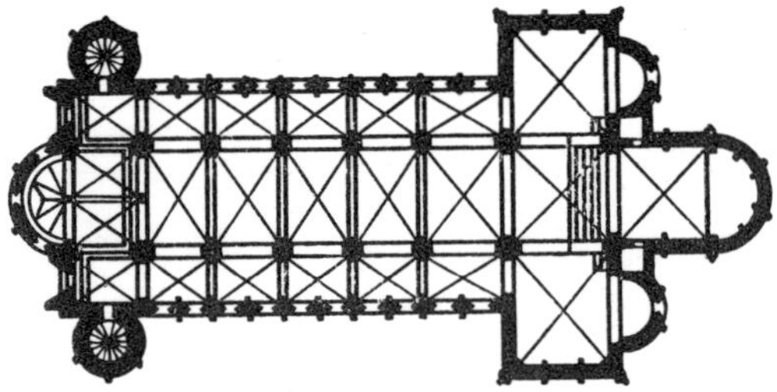

Abb. 32. Reicher romanischer Gruppenbau: Grundriß der Benediktinerabteikirche Maria Laach in der Eifel (1093—1156), Länge ohne Paradies ca. 68,2 m (s. Abb. 34). Mittelschiff wie Seitenschiffe mit Kreuzgewölben übermauert, jedoch noch kein „gebundenes System". Auf ein Joch des Seitenschiffes entfällt ein Joch des Mittelschiffes, das hier noch quer-rechteckige Form hat. Das Ganze aber von großer Schlichtheit und Klarheit der Aufteilung.

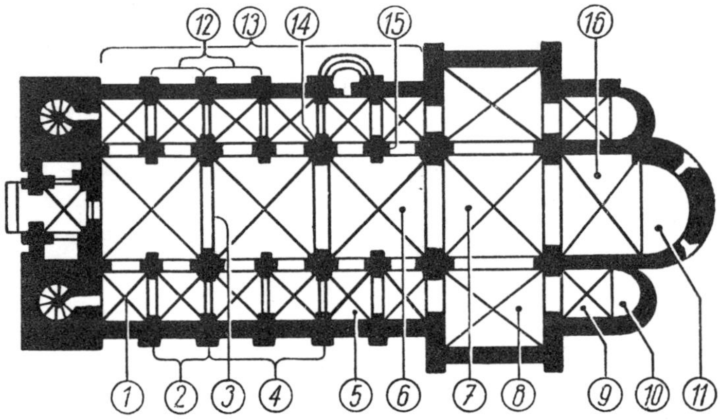

Abb. 33. Gebundenes System: Grundriß der Probsteikirche St. Fides in Schlettstadt i. E. (begonnen 1153). Zur Verdeutlichung der einzelnen Gebäudeelemente ist auf eine Wiedergabe im gleichen Größenverhältnis mit den übrigen Grundrissen verzichtet worden.

Bauteilerklärung: (1) Kreuzrippengewölbe; (2) Joch; (3) Gurtbogen; (4) „gebundenes System"; (5) Seitenschiff; (6) Mittelschiff; (7) Vierung (Vierungsquadrat); (8) Querschiff; (9) Fortführung des Seitenschiffes über das Querschiff hinaus = Parallelchor; (10) Neben- oder Seitenapsis; (11) Hauptapsis; (12) Stützenwechsel zwischen Mittel- (6) und Seitenschiffen (5) durch abwechselnde Reihung von Haupt- (14) und Zwischenpfeilern (15); (13) Langhaus; (14) Hauptpfeiler; (15) Zwischenpfeiler; (16) Chor.

Beim „gebundenen System" des Grundrisses entfallen auf je ein Joch des Mittelschiffes je zwei Joche der Seitenschiffe, wobei sowohl jene des Mittelschiffes als auch die der Seitenschiffe quadratische Grundform haben. Als Maßgröße für das Quadrat der Mittelschiffjoche dient die Vierung.

Abb. 34. Reicher romanischer Gruppenbau: Ansicht der Benediktinerabteikirche Maria Laach in der Eifel von Nordosten (1093—1156).
Bauteilerklärung: (1) Sammelbegriff „Langhaus"; (2) Sammelbegriff „Ostchor"; (3) Sammelbegriff „Westchor"; (4) Mittelschiff; (5) Seitenschiff; (6) Querschiff; (7) Vierung; (8) Chor; (9) Apsis; (10) Seitenapsis; (11) Vierungsturm; (12) Chorturm; (13) Querschiffturm; (14) Paradies; (15) Satteldach; (16) Pultdach; (17) Pyramidendach; (18) Rautendach; (19) Zwillingsfenster; (20) Drillingsfenster; (21) Rundfenster; (22) Rundbogenfries; (23) Lisene; (24) Blendarkade; (25) Zwerggalerie; (26) später eingefügtes gotisches Fenster (s. Abb. 32).

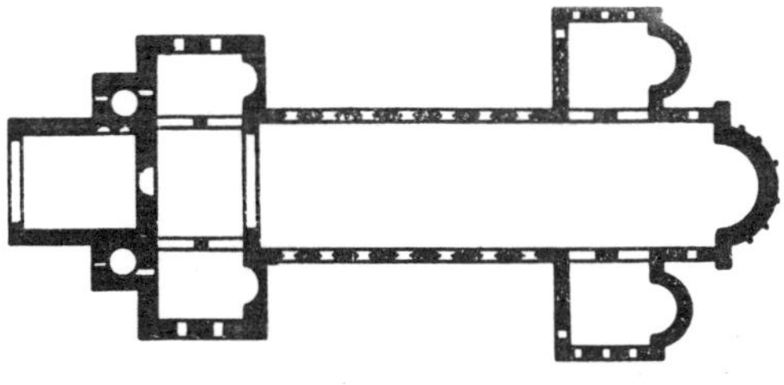

Abb. 35. Ausnahme: Grundriß von St. Pantaleon in Köln nach einer Rekonstruktion (964—980), Länge ca. 66,8 m. Dieser ursprüngliche Grundriß zeigt als merkwürdige Ausnahme eine Durchbildung der Anlage ohne Seitenschiffe. Erst in späterer Zeit wurde die Kirche dreischiffig ausgebaut.

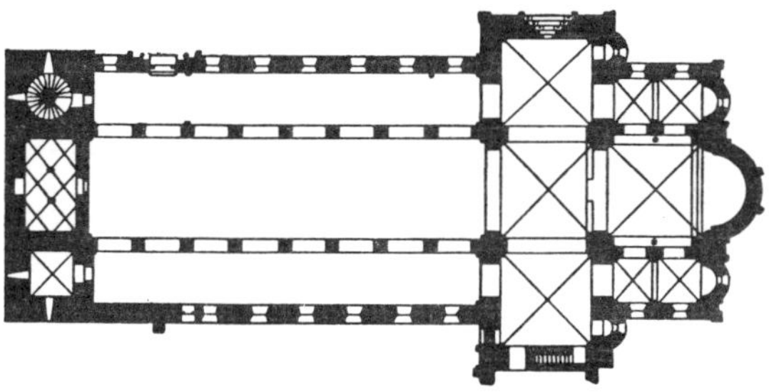

Abb. 36. Hirsauer Schule: Grundriß von St. Peter und Paul in Königslutter (1135), Länge ca. 74 m. Reifste und großartigste Entwicklung aus dem Hirsauer Schema (lombardische Steinmetzen). (Entwicklung des Grundrisses aus den Hirsauer Baugewohnheiten s. Text Seite 35). Entsprechend diesen Baugewohnheiten ursprünglich flachgedeckt, erst im 17. Jahrhundert gewölbt.

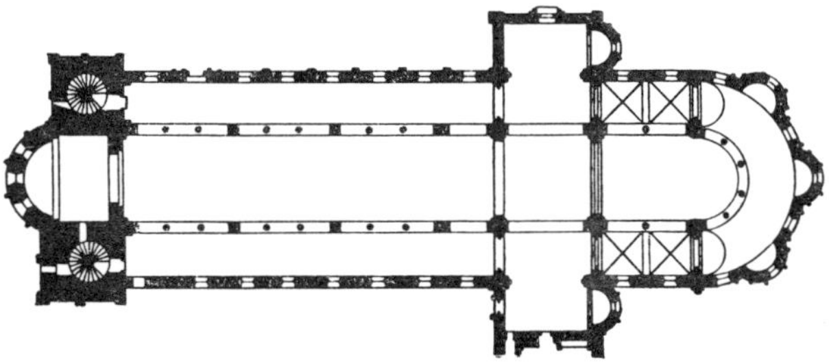

Abb. 37. Romanischer Chorumgang mit Apsidenkranz: Grundriß von St. Godehard zu Hildesheim (1131 bis 1172), Länge ca. 83,2 m. Durchbildung des Chores mit Umgang und Kapellenkranz, dazu Konchien an den Armen des Querhauses. Mit der ersten Anordnung weist dieser Bau romanischer Zeit bereits auf Grundrißformen der Chöre der großen gotischen Kathedralen mit ihren Umgängen und Kapellenkränzen (die Dome von Magdeburg und Köln, Abb. 62).

Abb. 38. *Krypta* in St. Georg, Oberzell auf der Reichenau (Bodensee) (nach Frankl karolingisch 836, nach Josef Hecht ist die Krypta die ursprüngliche Kirche Heitos um 900). Der Altar zwischen den vier Säulen ist als in seinem Ursprung nicht sicher (nach C. Gröber) auf dieser Zeichnung weggelassen. Form des frühen Kreuzgewölbes aus der Durchdringung zweier Tonnengewölbe entstanden. Hier die Durchdringungsgrate noch nicht scharf gebildet. Diagonalbogen flach elliptische Form.

Abb. 39. *Krypta* (Weihe 1041, überbaute Fläche ca. 850 qm, Höhe ca. 7 m) unter dem Ostchor des Domes St. Maria und St. Stephan zu Speyer. Die einzelnen Joche der Raumgebilde des Gewölbes werden durch Gurtbögen voneinander getrennt (s. auch Abb. 31 und 40). Dadurch wird in der Konstruktion die Voraussetzung für die Entwicklung der gebundenen Form des Systems der romanischen Grundrisse geschaffen, die – vom Raumquadrat der Vierung ausgehend – entworfen werden. Solche Wölbung wird dann um 1040 ebenfalls beim Speyerer Dom auf die Wölbung der Seitenschiffe übertragen sowie später unter Heinrich IV. auf die Wölbung des Mittelschiffes (s. Abb. 40 und Text romanischer Kreuzgewölbe, dritte Stufe, Seite 34).

Abb. 40. Gewölbebasilika: Blick in das Mittelschiff des Domes St. Maria und St. Stephan zu Speyer nach Osten (Baubeginn 1030, Bau unter Konrad II. noch flachgedeckt, aber in voller Substanz im heutigen Bau erhalten. Bau des Langhauses Mitte des 11. Jahrhunderts, Einwölbung Ende des 11. Jahrhunderts, Neuwölbung ab 1159, Brand und Verwüstung 1689, Erneuerung der beschädigten Gewölbe 1774—1792). Vorzügliche Wandgliederung, im 11. Jahrhundert entstanden. Wechsel von Haupt- und Zwischenpfeilern. Den Pfeilern sind Halbsäulen, sogenannte Dienste, vorgelegt. Die Dienste der Hauptpfeiler, die vom Boden bis an die Gewölbe hochsteigen, sind gewirtelt, d. h. sie tragen in ihrer halben Höhe kapitälartig unterstützte Rundscheiben oder Schaftringe. Die Hauptpfeiler sind, außer durch die Dienste, noch durch Wandpfeiler verstärkt, sodaß die gewirtelten Dienste die Gurtbögen, die Ecken der Wandpfeiler die Gewölbegrate und die eigentlichen Hauptpfeiler die Wandlast und den Schub der Seitenarkaden auffangen. Die nicht gewirtelten Dienste der Zwischenpfeiler bilden mit den Blendarkaden des Oberlichtgadens das

schön gegliederte System der Wandaufteilung. Zwischen je zwei Gurtbögen spannt sich ein Kreuzgratgewölbe mit ansteigendem Scheitel und Busung, das in seiner heutigen Form der Wölbung auf die Zeit 1159 zurückgeht. Der Boden des Chores und der Apsis liegt wesentlich höher als jener des Langhauses, weil sich darunter die Krypta befindet (Abb. 31 und 39).

Abb. 41. Blick in die Vierungskuppel vom Ostchor des Wormser Domes St. Peter und Paul (erster Bau 996—1016, zweiter Bau 1110, dritter Bau 1181 und Weihe, Westbau 1234 beendet), die sich von den angrenzenden Räumen mit kräftigen Triumphbögen absondert. Über den Bogen verbindet in den vier Ecken je eine Trompe die hier zusammenstoßenden Wände und leitet damit das Viereck in ein Achteck über. Darüber ein Lichtgaden, bekrönt von der Kuppel selbst, die in der Form später altchristlicher Anlagen als steiles Klostergewölbe ausgebildet ist. Im Hintergrund ist ein Kreuzrippengewölbe sichtbar.

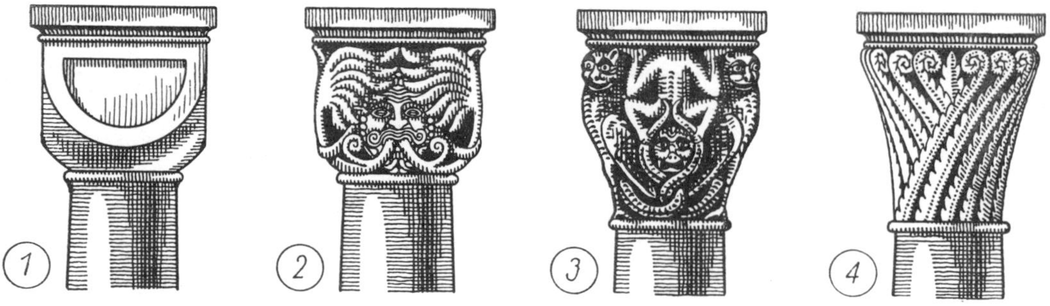

Abb. 42. Romanische Kapitälformen:
(1) Würfelkapitäl; entsteht aus der Durchdringung von Kugel und Würfel als formaler Übergang von der runden Säule zur quadratischen Deckplatte, die den Rechtkantquerschnitt der Kämpfer, der Arkadenbögen und Obermauern zur Auflast hat. Solche Formbildung verrät den Gestaltungswillen der Zeit der frühen romanischen Bauepoche: aus geometrisch klaren Grundformen, Körpern und Flächen, wie Rechtkant, Würfel, Kegel, Kugel, Quadrat und Kreis, die Baukörper sowie Flächengliederung und Ornament zu entwickeln.
(2) Bild- oder Figurenkapitäl: das Würfelkapitäl wird von flachen, meist pflanzlichen Ornamenten umsponnen. Wellenlinien, Bänder, Flechtwerk, pflanzliches Ornament, Figuren von Tieren, wie Adler, Schlangen, Löwen, Köpfe, ja ganze Figuren, phantastische Fabelwesen zeigen die Fülle der Eingebung. Immer läßt sich jedoch die Grundform noch durchfühlen und bildet den inneren Halt, wie auch die Menschen jener Zeit, trotz der Fülle seelischer Regungen, gehalten sind.
(3) Kelchblockkapitäl: in dieser späteren Form scheint sich die Säule selbst über dem Halsring wie ein Kelch zu erweitern, der, geziert mit mannigfachem Ornament, andeutungsweise noch die geometrische Grundform erraten läßt.
(4) Kelchkapitäl: der Kelch, der als Grundkörper einem auf den Kopf gestellten Kegelstumpf gleicht, bildet eine schon zum gotischen Kapitäl, d. h. zur aufstrebenden Form sich wandelnde Urform. Von hier führt der Weg des Werdegangs geradlinig zum Knospenkapitäl der frühen gotischen Zeit (s. Abb. 66).

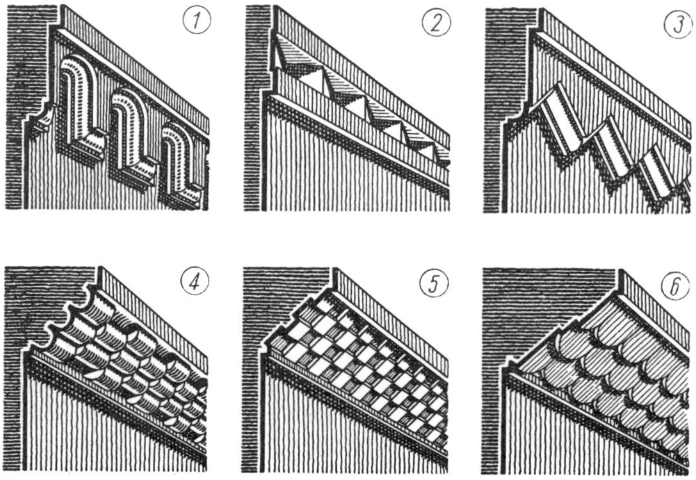

Abb. 43. Romanische Schmuckfriese: (1) Rundbogenfries, meist in schlichter Form, jedoch auch mit einfacher oder reicher Profilierung. Verschiedentlich werden die unteren Enden von anspruchslosen, aber auch aus

Bildwerken bestehenden Konsolen gestützt. (2) Zahnschnittfries. (3) Zickzackfries in gerader oder profilierter Form. (4) Rollen-, (5) Schachbrett- und (6) Schuppenfries.
Die Friese bilden zusammen mit den Lisenen, d. h. mit den flachen, senkrechten Mauervorlagen, das Hauptelement romanischer Flächengliederung (s. auch Abb. 34 (22) und (23)).

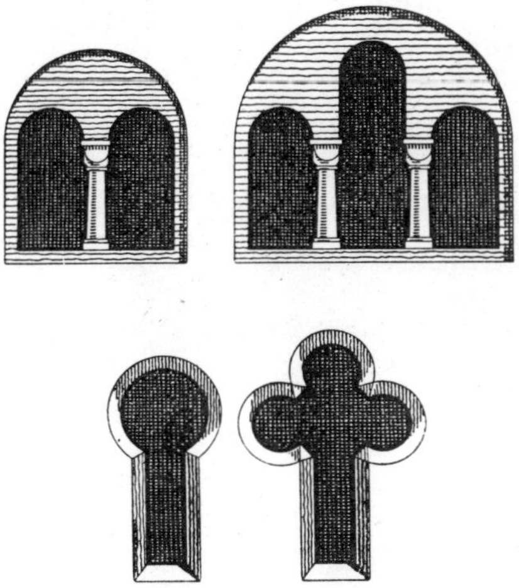

Abb. 44. Romanische Fensterformen: Aus der Zusammenziehung von zwei normalen Fenstern ergeben sich Zwillings- oder von drei Drillingsfenster. Bei den Zwillingsfenstern übernehmen eine, bei den Drillingsfenstern zwei Säulen die Teilung der Öffnungen. Im ersteren Falle sind beide Bögen gleichhoch. Im letzteren überragt oft der mittlere die beiden Seiten. Reichere Gestaltung — oft wegen großer Stärke der aufliegenden Mauern — durch Verdoppelung der trennenden Säulen, die dann paarweise hintereinander stehen. Flach aus der Wand vorspringende, zusammenfassende Blendbögen rahmen meist solche Gruppen ein. Vereinzelter finden sich auch Schlüsselloch- und Kleeblattfenster, die letzteren besonders an Bauten in der Landschaft am Rhein.

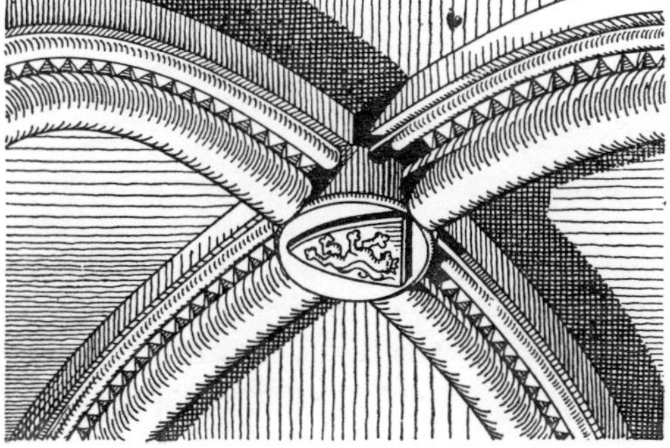

Abb. 45. Spätromanischer Schlußstein im Kreuzgewölbe mit Rippen (um 1235). Unterfläche noch flach, Mitte ohne Öffnung, trägt meist plastischen Schmuck, hier ein Adelswappen.

Abb. 46. Romanisches Portal (um 1240) am Dom St. Martin zu Mainz (Baubeginn 978, Schlußweihe 1239) mit abgetrepptem Gewände, in dem Säulen mit Rechteckformen wechseln. Über der Türöffnung, zwischen Sturz und Bogen, Tympanon. Plastisch reich geziert. Mit der fortschreitenden Entfaltung des romanischen Stiles wird die Profilierung von Gewänden und Bogen vielfältiger. Die Abstufungen zwischen runden und kantigen Gliedern bewirken durch Licht und Schatten eine rhythmische Wiederholung der Öffnungsumrißlinie. Sie überwinden so die, infolge der großen Stärke der Mauer notwendige, geringe Breite der Türöffnung, welche dadurch einladender erscheint. Gewände und Bogen werden zunehmend mit prächtigerem Schmuck versehen, ja, die Säulen schließlich durch Figuren verdrängt und das plastische Bildwerk im Tympanon in immer stärkerem Relief gegeben (s. auch Abb. 70).

Abb. 47. Romanische Rund- (oben) *und Radfenster* (unten) an der Westapsis des Domes St. Peter und Paul zu Worms (beendet 1234). Kleinere Rundfenster, fast wie Luken und mit starken Schrägen der Leibungen in bastionartig schwerem Mauerwerk, kommen schon im frühen Abschnitt der romanischen Baukunst in Türmen sowie über den schmalen Eingängen vor. Nur ein Fall ist bekannt, in dem sie an die Stelle der Fenster des Oberlichtgadens treten (Wahlbeck i.W.).
Das Rundfenster, in seiner Umrahmung durch vier oder acht Pässe unterteilt, wird als architektonisches Glied über dem Eingang der Hauptportale oder in den Achsen der Querhäuser erst in mittlerer und späterer Zeit verwendet, am frühesten im westfälischen Raum. Zugleich finden sich dort jene Formen, bei denen in die Pässe Speichen eingezogen sind, sodaß aus dem Rundfenster ein Radfenster entsteht. Dieses Radfenster ist Vorstufe der Rose der spätromanischen und gotischen Epoche, bei welcher Speichen und Pässe wie ein feines Spitzenornament durchgebildet und reich gegliedert die ganze Wandöffnung überziehen (s. Abb. 69).

Abb. 48. Spätromanischer Lettner im Ostteil des Naumburger Domes (11. und 13. Jahrh.). Der Lettner als hohe Chorschranke entwickelt sich seit der immer stärker werdenden Scheidung von Raumbezirken der Geistlichkeit und jenen der Laien. Die Bühne auf seinem Scheitel mit Lesepult in der Mitte ist der Platz, von dem aus das Evangelium verlesen wird. Sie dient bei größeren Anlagen auch zur Aufstellung einzelner Sänger (s. Abb. 76).

Abb. 49. Anordnung von Schmuck: Der Ostchor (Weihe 1181) des Domes St. Peter und Paul zu Worms (erste Bauzeit 996—1016, zweite Bauzeit 1110, dritte Bauzeit 1181) als Beispiel für die Anordnung von Schmuckfriesen, Lisenen, Säulen- und Zwerggalerien. Während Lisenen, Rundbogenfriese und Bänder der Mauer flach aufliegen und sie im wesentlichen gliedern, entwickelt sich die Zwerggalerie aus der Konstruktion am Fuße der Kuppeln. Da die Kuppel vom Mauerkranz aufsteigt, hier also kein Gebälk für das Dach aufgelagert werden kann, müssen die Obermauern entsprechend hochgezogen werden. Der so entstehende tote Raum und die ungegliederte Oberlänge der Mauerfläche werden gestaltet, indem die Mauer selbst in Arkadenreihung mit Säulen aufgelöst wird. Oft liegt dahinter ein schmaler Gang, wodurch ganz natürlich die Form der Zwerggalerie entsteht (vgl. Abb. 25, 34).

Abb. 51. Wasserspeier am Westchor (begonnen ca. 1249) des Naumburger Domes (erster Bau 11. und zweiter Bau 13. sowie Erweiterungen im 14. Jahrh.). Diese zahllosen Wasserableitungen aus den Regenrinnen führen am Bauwerk ihr eigenes Leben. Aus der ursprünglich nüchternen Traufe werden Bildwerke symbolischer Art, Fabelwesen, Tiere und Figuren, zum Teil voll drastischsten Humors.

Abb. 50. Eigentümlich-phantastische *Tierplastik* auf der Sohlbank eines Fensters am Ostchor des Domes St. Peter und Paul zu Worms (um 1200) ohne Bindung zur Architektur.

Abb. 52. Frühromanische Plastik in strenger Stilisierung: bemalter, in Holz geschnitzter Christuskopf von einem Kruzifix aus der früheren Stiftskirche St. Georg, der heutigen Jacobikirche in Köln aus der Zeit vor 1200. Es wird jetzt im Schnütgen-Museum zu Köln aufbewahrt.

Abb. 53. Spätromanische Plastik: Kopf des Petrus von der Adamspforte (um 1235) am Bamberger Dom. Erstes Eindringen persönlicher Züge, doch nicht im Sinne unseres heutigen Porträts. Daten des Bamberger Domes: (1007 bis 1012 und 1192 bis 1274, Weihe 1237) Länge ca. 95,15 m, Breite ca. 28,51 m, Höhe ca. 26,56 m.

Abb. 54. Stadttor: In die spätromanische Zeit fällt das Aufblühen der Städte und ihr Zusammenschluß als Handelsgilde der Hansa. Sie werden wehrhaft und übernehmen ihre Verteidigung gegen Rittertum, Fürsten und landfremde Feinde. Die Bürger umschließen ihre Städte zur Verteidigung mit Mauern, Gräben, Wällen, Türmen und Toren. Mit besonderer Sorgfalt werden die Tore ausgebildet: einmal sind sie gefährdete Stellen, zum anderen werden sie Sinnbild der Stadt selbst. Einer der schönsten Tortürme Deutschlands ist das Altpörtel in Speyer (13. Jahrh., Galerie 16. Jahrh.).

Abb. 55. Ruine der *Burg* Runkel a. d. Lahn (13. u. 14. Jh.). Beispiel für romanischen Burgenbau. Charakteristisch für ihn ist zu jener Zeit (vgl. Sakralbau) das Zusammenfügen wuchtiger einzelner Baumassen, wie Türme, Pallas, Frauenhaus, Gesindehaus, Küchenhaus u.dgl. zu einer geschlossenen Einheit. Der Pallas enthält den großen Rittersaal. Die Geschoßhöhen der einzelnen Räume wechseln stark. Ihr Höhenunterschied wird durch Treppenanlagen ausgeglichen, die in den dicken Mauern oder einzelnen Treppentürmen untergebracht sind. Nach den Bedürfnissen der inneren Räume ohne Bezug auf Reihung und Axialität geschieht die Anordnung der Fenster. Selbst die Kaiserpfalzen folgen, im Gegensatz zu den späteren Schloßarchitekturen der Renaissance, diesem Prinzip starker Unterschiedlichkeit der zu einer gesteigerten Gruppe zusammengefügten Baumassen. Sie werden nicht wie künftig dort über einem organisierten Grundriß, sondern aus lockerer Anordnung der einzelnen Gebäude gegeben. Sie sind in ihrem Baugesamt wie in der Fülle der einzelnen Formen meist verlorengegangen. So müssen uns wenige Reste die Anschauung ersetzen.

Vom romanischen Profanbau: Da in Deutschland der Holz-, Fachwerk- und Blockbau sich aus den alten nordischen Zimmermannskonstruktionen bereits in früher Zeit entwickelte, werden Gebäude bürgerlicher Art fast ausnahmslos in Holz hergestellt, in einzelnen Landschaften mit steinernem Sockel oder steinernem Unter- und Erdgeschoß. Bei der engen Siedlungsweise der Städte mit ihren sie umschließenden Wehrmauern sind die Bürgerhäuser im Falle von Feuersbrünsten aufs äußerste gefährdet. So bleiben die alten Zeugen dieser Fachwerkkultur vor der Zeit um 1450 kaum erhalten. Die Baugeschichte der romanischen Zeit bezieht sich daher vorwiegend auf die großen Kirchenbauten und die wenigen Überreste der Kaiserpfalzen und Burgen.

Abb. 56. Übergangsstil: Stiftskirche St. Georg (erste Hälfte des 13. Jahrh.) zu Limburg an der Lahn von Nordwesten. Kennzeichen des Übergangsstiles: noch romanische reiche Baugruppe mit vielen Türmen, doch durch deren Ballung schon Verminderung der Waagrechten. Zur Gotik hinweisende Flächenauflösung schon sehr weit getrieben. Häufige Spitzbogen, zahlreiche Senkrechte, die, jedoch durch viele Horizontale unterbrochen, nicht zur entscheidenden Wirkung gelangen (vgl. Abb. 57).

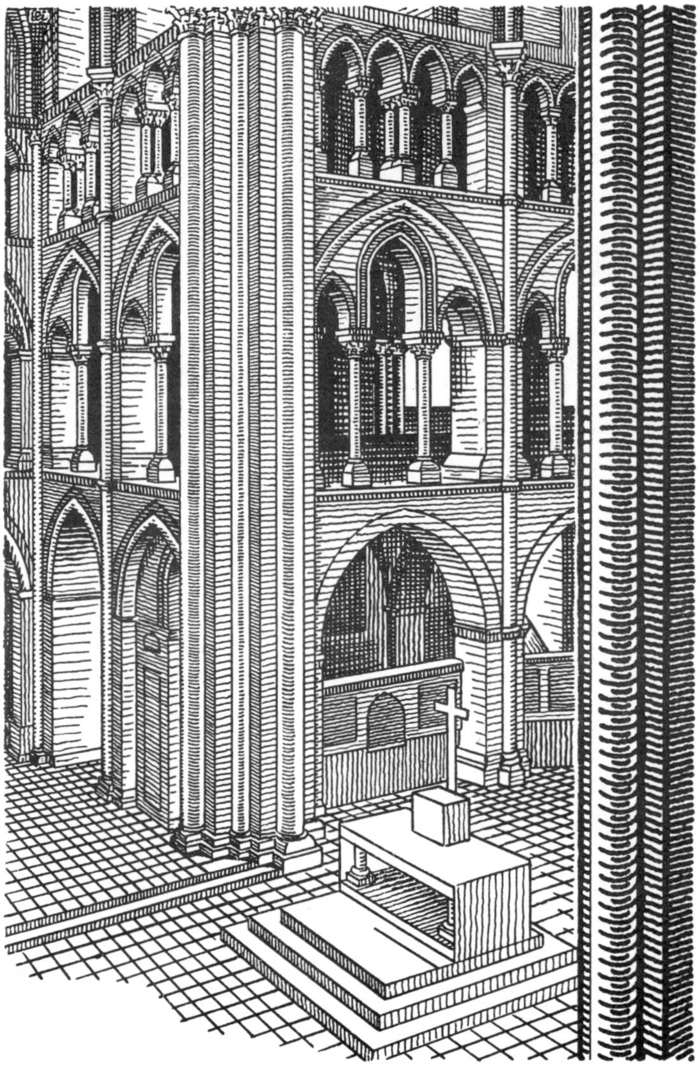

Abb. 57. Übergangsstil: Blick durch die Vierung in Chor und Querschiff in der Stiftskirche St. Georg zu Limburg an der Lahn (Altarweihe 1235). Trotz starker Auflockerung der Wände noch unentschieden, da die schlanken Senkrechten in zu weitem Abstand den Blick nicht zwingend in die Höhe zu führen vermögen (Abb. 56).

Abb. 58. Gegenüberstellung des romanischen Domes in Worms *und des gotischen Domes* zu Köln. Romanisch: geschlossen, schwerlagernd, flächig, die Horizontale bevorzugend, massig, vieltürmig, Betonung der Vierung, gedrungen, geometrisch in seiner Körperlichkeit. Gotisch: die Senkrechte betonend, alle Horizontalen unterbrochen, selbst die Giebeldreiecke über den Fenstern, die Wimperge, greifen über die Geschoßhöhen hinaus; Auflösung der Wand, alles wird von innen durchscheinend, Pfeiler schlank und in engen Abständen; emporstrebend, leicht, zartgliedrig; wenige, dafür aber sehr hohe und mächtige Türme mit filigranartig durchbrochenen Helmen; über der Vierung nur noch Turmnadel; einchörig; das Dachgesims von einem Wald von aufstrebenden Strebepfeilern mit Fialen überschnitten.

GOTISCHE BAUKUNST

Gotik umfaßt die zweite Epoche mittelalterlicher Baukunst. Sie hat zur Wurzel einerseits die ständig sich erweiternde Konstruktion, andererseits die einem tief innerlichen Gotteserleben entspringende Richtung des inneren Sinnes: alles Irdisch-Schwere aufzulösen und durchscheinend zu machen. Daher Auflösung der Wand bis auf das letzte noch notwendige Konstruktionsgefüge der Pfeiler mit ihren Diensten, der Rippen und Gurtbögen, deren Gewölbekappen leicht ausgemauert und deren Schub durch ein System von Strebebögen auf die äußersten Strebepfeiler übertragen wird. So wird das sichtbar gestaltete Gefüge als erkanntes Gesetz zur Ordnung, die alles formt, und zugleich zum Symbol, d. h. zum sinnenhaften Wahrzeichen, das den Blick nach oben lenkt.

Die Entstehung der Konstruktion beginnt schon in der romanischen Zeit und in verschiedenen Landschaften. Aber sie wird entscheidend als sichtbares Formelement in der Normandie und Ile de France herausgestellt und durchgebildet. Daher geht die französische Gotik zeitlich der deutschen voran. — Was der deutschen Gotik ihr besonderes Gepräge gibt, ist einmal die klare Einfachheit der Formen der frühen Zeit im hessischen und westfälischen Gebiet, zum anderen die Durchbildung der Ein- und Zwei-Turm-Schauseiten mit ihren luftigen, durchbrochenen Helmen (Freiburg [Abb. 72], Köln [Abb. 58], Ulm [1377—1529]), zum dritten die eigentümliche Erscheinung des räumlichen Schwingens in den Hallenkirchen der Hochgotik.

Die überragenden Bauwerke der gotischen Zeit sind:

Raum oder Stilgruppe	Ort	Bauwerk	Entstehungszeit
3 Dome am Rhein:	Köln	Dom (Abb. 58,78,79)	1248—1437 1841–1880 vollendet
	Straßburg	Münster (Abb. 70)	1015 romanisch ca. 1277—1439 gotisch vollendet
	Freiburg	Münster (Abb. 72, 80)	begonnen ca. 1185, Chorgrundstein 1354, 2. Bauzeit 1471—1513
	Altenberg	Zisterzienserabtei	begonnen 1255, Ende 13. Jahrh.
	Oppenheim	Katharinenkirche	1333—1340
3 Dome an der Donau:	Ulm	Münster	1377—1529
	Regensburg	Dom St. Peter	begonnen 1275, Chor 1310, 1350—1495
	Wien	Stephansdom (Halle)	begonnen 1305, Weihe 1346, Chor
Dome im mittleren Raum:	Prag	Veitsdom	1060, 1344—1421, südlicher Turm 1396
	Magdeburg	Dom	erste Fassung begonnen 955, zweite Fassung 1209—14. Jahrh.
	Halberstadt	Dom	begonnen 1260, Chor 1354
	Naumburg	Dom St. Peter und Paul	nach 1220
Im nordischen Raum: Backsteingotik:	Lübeck	St. Marien	zweite Hälfte 13. Jhh., Chor 1291
	Wismar	St. Marien	erster Bau nach 1300, Bau des Hochschiffes 1339
	Wismar	St. Nikolai	ca. 1380—1460
	Doberan	Zisterzienserkirche	1. Bau 1232 geweiht, 1298—1368 und erste Hälfte 15. Jahrh.
	Rostock	St. Marien	erste Erwähnung 1232, 1452 vollendet
	Stralsund	St. Marien	begonnen 1382, Turm 1478
	Chorin	Zisterzienserkirche	1243—1334
	Minden	Dom (Halle)	1062—1071 und 1260—1280
	Breslau	Dom	1244–1272
		St. Marien auf dem Sande	zweite Hälfte
		Magdalenenkirche	14. Jahrhundert

Raum oder Stilgruppe	Ort	Bauwerk	Entstehungszeit
Frühe hessische Bauten:	Marburg	St. Elisabeth (Abb. 71 u. 77)	1235—1283, Türme 1314—1360
	Haina	Klosterkirche	beendet 1358
	Friedberg	Stadtkirche: Unserer Lieben Frau	1250—1410
	Wetzlar	Dom Unserer Lieben Frau	12.—16. Jahrh.
Süddeutsch:	Dinkelsbühl	St. Georg	1448—1492
	Nördlingen	St. Georg	1427—1505
	Ingolstadt	Obere Franziskanerkirche = vorm. Garnisonkirche	gegr. 1275, Chorerweiterung um 1400, Hochaltar ca. 1750
	München	Frauenkirche	1468—1477
	Nürnberg	St. Lorenz	14. Jahrh., Chor 1445—1472
	Nürnberg	St. Sebald	1361—1372
	Amberg	St. Martin	1421
	Straubing	St. Jakob	erste Hälfte 15. Jahrh.
	Landshut	St. Martin	ca. 1390—1498
Im sächsischen Raum:	Erfurt	Dom	1452—1472
	Halle	Liebfrauenkirche	1529 begonnen
	Zerbst	St. Nikolai	1432—1488
	Annaberg	Annakirche	1499—1520
Im Raum der Backsteingotik:	Prenzlau	St. Marien	13.—14. Jahrh.
	Greifswald	St. Marien	Mitte des 13. Jahrh.
	Rostock	Nicolaikirche	1290—1312
	Stendal	Dom St. Marien	1429—1450
	Wilsnack	Wallfahrtskirche	begonnen 1383
	Danzig	St. Marien	1240—1373 und 1379—1502
	Soest	Wiesenkirche	begonnen 1343, Weihe 1376

Entwicklung gotischer Kreuzgewölbe

Voraussetzungen für die Entwicklung gotischer Kreuzgewölbe bilden die der romanischen Epoche: das einfache Kreuzgratgewölbe, das Kreuzgratgewölbe mit halbkreisförmigem Diagonalbogen, das durch Gurtbogen gegliederte Kreuzgewölbe mit halbkreisförmigem oder leicht spitzbogigem Querschnitt sowie das Kreuzgewölbe mit Rippen in diesen Formen. Alle sind vierteilig, d. h. sie zeigen vier Kappen, die sich je in einem Joch zum Kreuzgewölbe zusammenschließen.
Die Entwicklung des gotischen Kreuzgewölbes: Gurtbögen wie Tonnen werden immer stärker gebrochen, d. h. sie erhalten entlang ihrer Scheitellinie eine immer spitzere Knickung. In einer weiteren Stufe wird in der Mitte der seitlichen Kappen eine Rippe eingezogen, sodaß aus dem vierteiligen Kreuzgewölbe mit Busung oder geradem Scheitel (s. Abb. 59 (1) und (2)) ein sechsteiliges entsteht (s. Abb. 59 (3)). Das bedeutet, daß die sechs in einem Joch einander zugeordneten Kappen, von denen die seitlichen vier nun schmäler sind, die zwei in der Richtung der Längs-

achse aber die alte Breite behalten, zusammen ein solches Kreuzgewölbe bilden. Wichtig in der Entwicklung von dieser reifen gotischen zur hochgotischen Form wird, daß die Diagonalrippen einander nicht mehr auf der Mittelrippe schneiden. Die Mittelrippe wird wie die Gurtbögen durchgeführt. Vier Diagonalrippen werden angeordnet, von denen je zwei sich in einem neuen Scheitelpunkt schneiden, der zwischen den alten Gurtbögen und der Mittelrippe liegt. Damit wird die Mittelrippe wirklich zum Gurtbogen. Ein achtteiliges Kreuzgewölbe entsteht von solcher Form, als seien zwei gleiche über querliegenden, längsrechteckigen Jochen, d. h. zwei oblonge Kreuzgewölbe (von oblongum = längliches Rechteck), nebeneinander gegeben (s. Abb. 59 (4)).

Entwicklung der gotischen Strebekonstruktion

Die Entwicklung des Kreuzgewölbes vom einfachen vierteiligen Kreuzrippengewölbe zum oblongen Kreuzgewölbe allein würde aber noch nicht zur gotischen Raumform führen, wenn sie nicht mit einer zweiten, der Entwicklung der Strebekonstruktion, gleichlaufend ginge. Die Erkenntnis, daß die Kreuzrippen Last und Schub des Gewölbes auf einen Punkt der Mauer lenken, führt zu der Möglichkeit, diese Stelle in der Konstruktion zu verstärken, gleichzeitig an diesem Ort den nach außen gerichteten Schub abzufangen und nun die dazwischen liegende Mauerfläche, die nicht mehr belastet ist, aufzulösen. Dieser Werdegang bleibt zunächst äußerlich verborgen, da über den Seitenschiffen Emporen angeordnet sind, welche die nunmehr eingezogenen Strebebögen dem Blick verschleiern. In Caen (S. Trinité [gegr. 1062]) in Nordwestfrankreich geschieht zum ersten Mal die kühne Tat, solche Strebebögen frei über das Dach des Seitenschiffes zu führen, dadurch den Schub auf äußere Strebepfeiler überzuleiten. Die Entwicklung geht dann in großen Schritten vorwärts. Immer größere Höhen des Mittelschiffes, immer kühnere Strebekonstruktionen werden auch über drei- und fünfschiffige Anlagen hinweggeführt (Beauvais, Kathedrale St. Pierre [1227—1527] und Le Mans, Kathedrale St. Julier [1236—1480]), dabei die zwischen den Konstruktionsteilen liegenden Mauerflächen ganz in Fenster aufgelöst. Solche konstruktive Entwicklung kommt dem inneren Streben jener Zeit entgegen, alles Materielle zu überwinden und den Raum transparent, d. h. durchscheinend zu machen.

Form, Konstruktion und Ornament in der Gotik

Als Zierformen in der Gotik sind Maßwerk (Abb. 69, 73 und 74) und Laubwerk (Abb. 67 und 68) charakteristisch. Das Maßwerk ist zu Stein gewordene Geometrie. Die Gestalt des Spitzbogens (Abb. 64) wird unterteilt, indem nun im einzelnen zwei kleinere Spitzbögen (Abb. 77, 79 und 80) angeordnet werden. Die Lücke zwischen den beiden und dem großen Spitzbogen wird in den frühen Formen durch einen Kreis, in den späteren durch sogenannte Drei- und Vielpässe ausgefüllt (Abb. 73). In den ganz breiten Öffnungen der Hoch- und Spätgotik wird dieses System einfach vervielfältigt, indem nun statt zwei Öffnungen, die durch einen mittleren, schlanken Pfeiler getrennt sind, drei (Abb. 72) oder vier (Abb. 73) Öffnungen nebeneinander gereiht werden. Die Durchbildung der Kapitäle geschieht einerseits aus der Konstruktion. Zum anderen werden Formen der Natur übernommen. Sie werden nun nicht mehr wie in der Zeit des romanischen Stils auf einfache Grundgestalt zurückgeführt, d. h. stilisiert, sodaß sie hierdurch gleichsam eine Urform bilden. Das Laubwerk wird vielmehr in ganz naturalistischer Wiedergabe vor dem eigentlichen Kern des Kapitäls angeordnet (Abb. 67). Dabei sind die einzelnen Arten der Blätter zu erkennen, wie jene der Eiche, Weinrebe, Rose, des Efeus, Hopfens und Hahnenfußes. Die Vorliebe für stark gebrochene, spitzige, ausgeprägte Formen ist auffallend. Sie entsprechen dem Wesen der Gotik. Eine weitere Bildung des Laubwerkes sind jene merkwürdigen Verzierungen, die von den schräg aufsteigenden Linien der über den Spitzbögen angebrachten Giebeldreiecke, d. h. den Wimpergen, ausspringen. Sie heißen Krabben oder Kriechblumen. Den spitzen Zusammenschluß dieser Linien bekrönt eine Kreuzblume. Ihre Formen schließen sich nicht so eng jenen der Natur an, sondern zeigen eine gewisse Starrheit, welche den geometrischen Figuren zukommt, wodurch diese Plastiken weniger stilisiert als rein abstrakt gebildet erscheinen. Dagegen zeigen die nun in Überfülle an Portalen angeordneten Skulpturen, die meist eine Konsole und einen Baldachin erhalten, oft stärksten Ausdruck. Sie offenbaren die ganze Fülle symbolhafter Gestaltungskraft, die von einer tiefen Einsicht in die inneren seelischen Bezirke des menschlichen Wesens zeugen.

Vom Grundriß und Raum gotischer Bauwerke

Während die Epoche der romanischen Baukunst das gesamte Bauwerk aus vielen Raumteilen zusammenfügt, von denen jeder sein selbständiges Gepräge erhält, geht die Gotik vom Erlebnis des Gesamtraumes aus, in dem die einzelnen Joche, für sich selbst unselbständig, Glieder bilden. Das Querhaus wird in seiner Ausladung kürzer, sodaß es nur noch um ein geringes über die Breite des Langhauses mit dessen Seitenschiffen vorspringt. Die Vierung, im romanischen mit einer Kuppel überwölbt, wird nun wie die Joche des Langhauses mit einem Kreuzgewölbe überdeckt. Infolgedessen führt sie den Rhythmus des Langhauses unmittelbar in den Chor. Die Seitenschiffe werden über das Querhaus hinaus um den Chor herumgezogen. Der Chorumgang strahlt in den großen Kathedralen in Kapellenkränzen aus. Apsiden am Querhaus sowie westliches Querschiff würden der Einheit solcher Raumbildung widersprechen. Im Innern werden die hohen und breiten Fenster des Oberlichtgadens tief bis auf die Dächer der niederen Seitenschiffe heruntergezogen. Die Arkaden reichen vom Fußboden bis dicht unter die Gewölbescheitel der Seitenschiffe. Eine schmale Wandfläche muß zwischen den Spitzen dieser Arkadenbögen und der Sohlbank der oberen Fenster notwendigerweise verbleiben. Ihre Aufgabe ist, die Dächer der Seitenschiffe gegen das Mittelschiff zu verdecken. Sie wird nun durch eine Galerie von kleinen Öffnungen, dem sogenannten Triforium, durchbrochen, bei dem, ähnlich wie bei den äußeren Zwerggalerien der romanischen Bauten, ein ganz schmaler Gang verbleibt. Im Flächenrhythmus werden diese Triforien zwischen den durch Dienste gegliederten Säulen angeordnet. Diese Säulen gehen vom Fußboden bis zum Kämpfer der Gewölbe des hohen Schiffes in einem Zuge durch. So erscheinen in den eng hintereinandergereihten Jochen im steten Gleichmaß jene sich vervielfältigenden Senkrechten, welche den Blick unwiderstehlich nach oben ziehen. Ja selbst das Gewölbe erscheint nicht mehr als Fläche, sondern die sich kreuzenden Diagonalbögen im Wechsel mit den Gurtbögen erwecken eher das Gefühl des lebendigen Emporstrebens, Wachsens, als jenes des Lastens. Das Material Stein ist für den Eindruck seiner Schwere beraubt. Infolge der großen Lichtöffnungen, die nun in gleichem Rhythmus mit Maßwerk überzogen sind, wirkt der ganze Raum durchscheinend, transparent.
Im Äußeren geht die Vielfalt des Baugesamtes aus einzelnen geometrischen Baukörpern, welche für die romanische Stilepoche charakteristisch war, verloren. Die Vierung mit Kuppel und Turm scheidet aus. Das Querhaus ist kaum breiter als die Seitenschiffe. Nur ein kleiner Dachreiter bezeichnet die Stelle, an der im Schnitt von Lang- und Querhaus ehemals der Vierungsturm die Baugruppe beherrschend überragte (Abb. 56, 77). Die charakteristische Form des neuen Baugesamtes wird durch das mit dem Chor zusammengezogene Langhaus gebildet, dessen westliche Schauseite in der Grundanordnung durch einen oder zwei Türme mit luftig-durchbrochenen Helmen bestimmt wird. Die unendlich vielen Strebepfeiler mit ihren Bögen und Fialen überschneiden den Baukörper des Langhauses und die Linie des Dachgesimses. Desgleichen greifen die Wimperge der Fenster über die Gliederungen der Geschosse, sodaß keine Horizontalen mehr sichtbar durchlaufen und alles nach dem Unendlichen hin aufzustreben scheint (s. Dehio, Geschichte der deutschen Baukunst).

Zweiturm- und Einturmschauseite

Im zeitlichen Ablauf reift die *Zweiturmschauseite* der Gotik an den großen französischen Kathedralen. Die Entwicklung geht hier bis auf frühromanische Fassaden zurück, die, wie St.Trophime,

Arles/Bouche-du-Rhone (Portale zweites Drittel des 12. Jahrh.) und St. Gilles, Gard (seit 1116), in der Portalgliederung mit ein oder drei Toren an Vorbilder römischer Triumphbögen anlehnen. Im Aufbau der Geschosse zeigen Notre Dame la Grande Poitiers, Poitou (Westfassade nach 1143) und Ruffec/Charente (12. Jahrh.) das Eindringen der Königsgalerie, Civray/Vienne (um 1130) die großen Öffnungen über den Portalen, St. Croix (Ende 12. Jahrh). in Bordeaux/Gironde, Kathedrale (Weihe 1119, Chor 1285—1293) in Cahors/Lot sowie die Bauten der Übergangszeit — St. Etienne (1064) und St. Trinité (gegr. 1062) in Caen/Calvados — die Fassung durch das seitliche Turmpaar.
Charakteristisch für die reifen gotischen Bauten in Frankreich — Notre Dame (begonnen 1163, Fassade zwischen 1200 und 1250) in Paris, Laon (1174—1226), Amiens (Fassade bis 1238), Reims (Fassade begonnen 13. Jahrh.) — sind die helmlosen Türme und die Rose über dem Mittelportal. In Notre Dame, Paris, liegt sie zwischen den beiden Horizontalen der Königs- und der oberen durchbrochenen Galerie, welche die beiden Türme bindet. Im Gegensatz zu den deutschen Lösungen mit der den Blick emporreißenden Vertikalen sind Horizontale und Vertikale hier ausgewogen, die Flächen im goldenen Schnitt proportioniert. — Laon nimmt mit seiner fast barocken Plastik der tiefen Leibungen eine Sonderstellung ein. In Amiens sind beide Galerien unter der Rose angeordnet. Dadurch erscheint sie fast zu weit nach oben gerückt. In Reims treten die Portale plastisch vor die Fläche. Von deren Wimpergen überschneidet der mittlere die Rose, jene der seitlichen die Fenster der sie einschließenden unteren Turmgeschosse. So wächst das Ganze zusammen, bekrönt von der nunmehr darüber angeordneten Königsgalerie, welche an Stelle der oberen hier die Türme faßt. Dazu sind Portalzone, Geschoß der Rose und Königsgalerie mit verjüngenden Massen übereinander gestaffelt. — So kommt, trotz des überreichen Schmuckes von kostbaren Plastiken, trotz der Fülle der Formen, eine neue große Ordnung zustande, die in ihrer Art einmalig die ganze Entwicklung abschließt.
Deutschland verzichtet bis auf wenige Ausnahmen auf die Rose. Nur an St. Sebald, Nürnberg, und am Münster zu Straßburg ist sie gegeben. In Straßburg ist die ganze Westschauseite mit feinem Stabwerk überzogen (Abb. 69, 70), welches, wie die Rose selbst, als feines Filigran wirkt. Die Horizontale ist noch durchzufühlen, doch das Stabwerk führt den Blick in die Vertikale. So steht Straßburg mitten zwischen den französischen und deutschen Lösungen. Für diese wird die Vertikale entscheidend. Die Türme rücken nahe zusammen und bestimmen durch Höhe und Aufstreben das Gesamtbild wie z. B. im Kölner Dom, Regensburger Dom (begonnen 1275, Hauptbauzeit 1350—1495) und im Veitsdom (erster Dombau 1060, zweiter Domneuausbau begonnen 1344, südl. Veitsturm 1396, Einstellung des Dombaues 1421) auf dem Hradschin zu Prag.
Die großen Lösungen der *Einturmschauseite* stehen im deutschen Raume: Freiburg, Münster Unserer Lieben Frau (ca. 1185—1513), Ulm, Münster Unserer Lieben Frauen (1377—1529, Turm im 19. Jahrhundert beendet), Landshut, St. Martin (ca. 1390—1498). Auch der erste Riß zum Regensburger Dom — der später als Zweiturmschauseite gebaut wird — zeigt eine Einturmschauseite.
Ihre Entstehung in romanischer Zeit weist nach Westfalen. Dort — begründet im ernsten Charakter des Landes und seiner Bewohner — findet das in ottonischer Zeit entwickelte reiche Westwerk keinen Eingang. So kommt es zu den späten, ganz reifen Lösungen, wie im Dome zu Paderborn (Turm 1009) und St. Patroklus (um 1000 bis 1090, Umbau Ende des 12. Jahrh.) in Soest.
Obwohl Vorbilder der westlichen Schauseite mit einem Turm auch in der romanischen Baukunst Frankreichs vorhanden sind — wie St. Martin d'Ainay (954, Umbau 1106—1113) in Lyon/Rhone, Le Puy-en-Velay (1130) Haute Loire, La Charité sur Loire (Mitte 12. Jahrh.) Nièvre, Morienval (um 1125) Oise — finden sie in gotischer Zeit keine Nachfolge. Vereinzelte Lösungen dieser Epoche zeigen Einflüsse, die von Deutschland und den Niederlanden in den französischen Raum zurückstrahlen.

Proportionierung gotischer Bauwerke

Unter Proportion ist das rhythmische Verhältnis einzelner Bauglieder zueinander in Fläche und Raum zu verstehen. Sie kann geometrisch konstruiert oder in Maßzahl errechnet sein. Da sich durch alle Natur Ordnung in Maß und Zahl erstreckt, auch der menschliche Körper in solchem System gebildet ist und die menschlichen Bewegungen aus derartigem Maßverhältnis des Körpers ihren eigenen Rhythmus erhalten, spiegeln sich Rhythmus und Proportion auch in den Dingen, welche der Mensch anordnet und gestaltet. Der goldene Schnitt findet sich z. B. als eine solche Wechselbeziehung in zahllosen künstlerischen Werken aller Zeiten wieder. Er wird bewußt als Prinzip der Proportionierung in der Renaissance angewendet, läßt sich aber auch in unendlich vielen Bauwerken der anderen Stilepochen feststellen. Beim Nachmessen romanischer Bauten zeigen sich Größenverhältnisse, denen ein gleichseitiges Fünfeck eingezeichnet werden kann. Die Gotik proportioniert dagegen aus den Dreiecken, welche sich aus den Figuren des regelmäßigen Sechseckes, Achteckes und Zehneckes ergeben, wenn sie durch ihre Diagonalen aufgeteilt werden. Die rhythmischen Höhenabschnitte innerhalb eines solchen Dreieckes werden gefunden, indem von der unteren Ecke des Dreieckes auf die gegenüberliegende Seite die Senkrechte gezogen wird, von dort aus wiederum die Senkrechte auf die andere gegenüberliegende Seite usw. (s. Abb. 71). Liegt eine solche Figur, wie dies in Abb. 71 geschieht, auf der im Maßstab eingezeichneten Ansicht, so ist mit Erstaunen zu sehen, wie solche Einschnitte zusammenfallen mit Höhen der Gesimse, Dächer, Fenstersohlbänke, Abschnitten in den Rücksprüngen der Strebepfeiler usw. Aber auch Grundrisse und Schnitte zeigen ähnliche Verhältnisse. Nun ergibt sich bei derartigen Untersuchungen der merkwürdige Befund, daß die frühe Gotik offenbar aus jenem Dreieck Größenbeziehungen entnimmt, das Teilfigur des regelmäßigen Sechseckes, die mittlere aus jenem, das Teilfigur des regelmäßigen Achteckes, und die Spätgotik aus jenem, das Teilfigur des regelmäßigen Zehneckes ist. Dieser Vorgang findet sich selbst noch in Einzelheiten des Schmuckwerkes. Es ist überliefert, daß die mittelalterlichen Bauhütten sogenannte Geheimnisse bewahrten. Die Forschung zeigt, daß offenbar diese Proportionierungsweise zu den Geheimnissen der Bauhütten gehört.

Entwicklung zur gotischen Hallenkirche

Während in der Zeit der romanischen Baukunst eine Entwicklung des Grundrisses, der Zuordnung der Räume und Baukörper vom einfachen zu immer größerer Klarheit und Ordnung sich verfolgen läßt, ergibt sich die eigenartige Tatsache, daß die gotische Epoche in Deutschland mit Bauwerken beginnt (wie St. Elisabeth, Marburg, begonnen 1235, Kölner Dom, begonnen 1248), die eine große Schönheit und Vollendung aufweisen. Dies kommt daher, daß die Entwicklung bereits in Frankreich ein Jahrhundert früher ansetzt und die deutschen Baumeister sich an den französischen Vorbildern schulen, wobei sie jedoch diese Formen aus ihrem Wesen weiterentwickeln. Während in der französischen Gotik an dem bei den großen Kathedralen im letzten ausgebildeten System der Basilika festgehalten wird, zeigt schon gleich die frühe Elisabethkirche in Marburg den Querschnitt der Hallenkirche, bei der Mittelschiff und Seitenschiffe gleiche Scheitelhöhe haben. Auch die Hallenkirche ist bereits in der spätromanischen Zeit in Frankreich bekannt, wird aber beim Übergang zur Gotik durch die basilikale verdrängt. In Deutschland entwickelt sich die Hallenform in der Zeit der späten romanischen Baukunst in Westfalen. Charakteristisch für ihre Fortbildung in frühgotischer Zeit wird Hessen. Im Gegensatz zur Basilika, bei welcher der Raum, vom Oberlichtgaden her belichtet, in ein mystisches Halbdunkel gehüllt ist, zeigt die Hallenform — da die gotische Konstruktion die Möglichkeit gibt, die Fenster in den Außenmauern der nunmehr gleichhohen Seitenschiffe bis unter den Scheitel der Gewölbe anzuordnen — einen schwingenden, lichtdurchfluteten Raum. Von Hessen aus greift dieser Werdegang nach Süden über (Dom zu Frankfurt a. M.) und strahlt wieder zurück nach Westfalen, von hier aus in das ganze norddeutsche Gebiet der Ostseeküste und den Einflußbereich der Hansa, während er, ausgehend von Salzburg, sich nach Bayern (München, Landshut, Ingolstadt) und Schwaben (Schwäbisch Gmünd, Nördlingen) ausbreitet. In Franken (Dinkelsbühl, St. Martin, Amberg und die großen Nürnberger Kirchen St. Lorenz und St. Sebaldus) dagegen findet sich die Hallenkirche nur in Nürnberg.

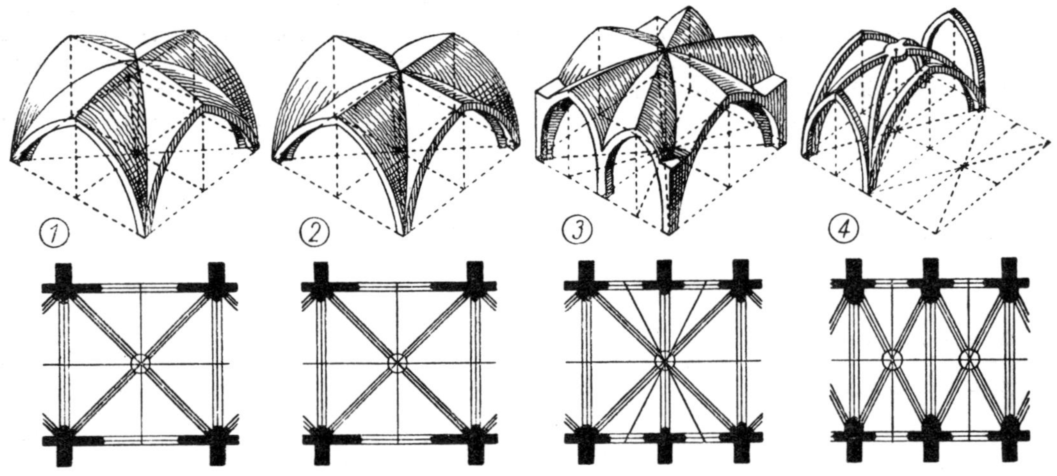

Abb. 59. Entwicklung gotischer Kreuzgewölbe: (1) ansteigendes, vierteiliges, frühgotisches Kreuzgewölbe mit Busung, d. h. die Scheitel der vier zusammenstoßenden Gewölbekappen steigen in flacher Kurve zum Schlußstein empor. Jede Kappe setzt sich aus zwei sphärischen Dreiecken zusammen (sphärisches Dreieck = Dreieck aus der Schale einer Kugel geschnitten); (2) vierteiliges frühgotisches Kreuzgewölbe mit geraden Scheiteln (d. h. ohne Busung); (3) sechsteiliges gebustes Kreuzgewölbe der mittleren Gotik; (4) Gurtbögen und Rippen (noch ohne Eindeckung durch die Kappen) des achtteiligen gotischen Kreuzgewölbes der reifen Blüte- und Spätzeit (aus einem alten Joch sind zwei neue längsrechteckige oder „oblonge" Joche geworden).

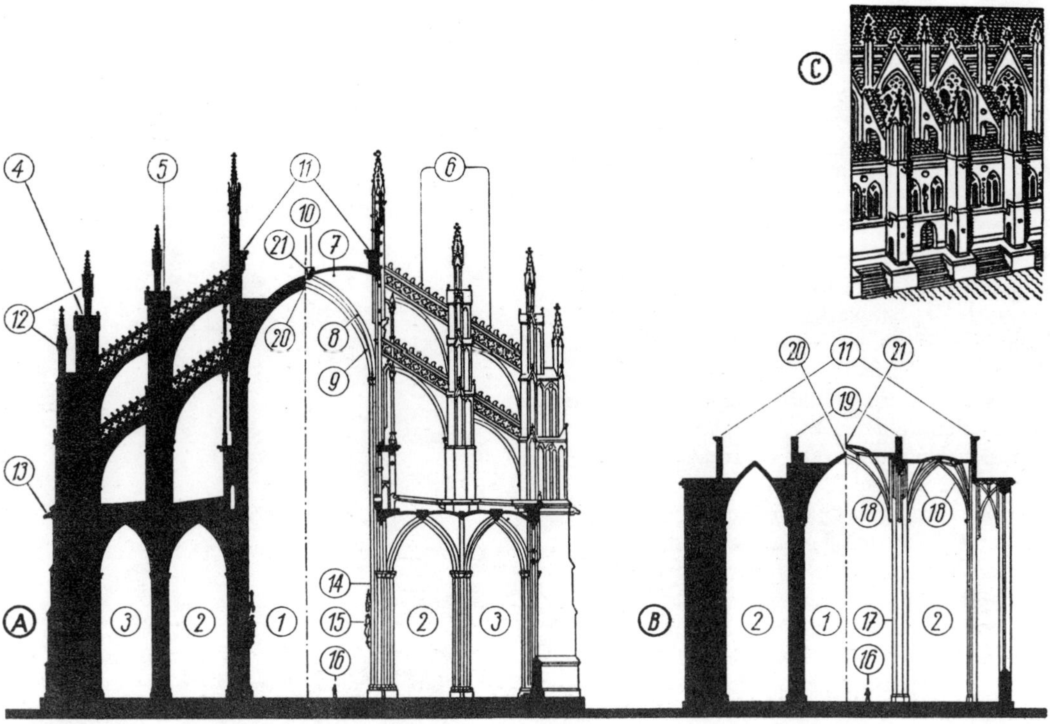

Abb. 60. Strebepfeiler und Strebebögen. Beim romanischen Bau ruht die Last des Daches und der Gewölbe auf den spärlich durchbrochenen, geschlossenen Wänden, die auch durch ihre massige Wucht die seitlichen und schrägen Schübe aus der Überwölbung aushalten. Der gotische Bau besitzt praktisch keine Wände mehr, sondern nur noch Pfeiler. Zwischen diesen spannen sich in ihrer ganzen Höhe die Fenster (vgl. Abb. 62 und 63). Die Pfeiler können nur noch tragen, nicht aber dem seitlichen und schrägen Schub widerstehen. Deswegen werden um das Gebäude Strebepfeiler angeordnet, die sich nach oben hin einseitig stufenweise gegen das Mauerwerk zu verjüngen. Mit ihrem oberen Ende übernehmen sie direkt den seitlichen Schub der Gewölbe und des Pultdaches der Seitenschiffe. Darüber schwingen Strebebögen frei und hoch über das Seitenschiff hinweg zu den Fensterpfeilern des Mittelschiffes hinauf. Sie leiten den Seitenschub der Gewölbekappen, soweit sie nicht durch die Auflast des Daches in die Pfeiler gelenkt wird, von diesen auf die Strebepfeiler. Die Stelle, an der ein Strebebogen sich auf den zugehörigen Strebepfeiler stützt, wird mit einer Fiale gekrönt. Diese Fiale bezweckt mit ihrem senkrecht nach unten wirkenden Eigengewicht ein Abbremsen der vom Strebebogen ankommenden seitlich-schrägen Kraft. Gleichzeitig ist sie ein dem gotischen Schönheitsgefühl entgegenkommender Anlaß zu einem zusätzlichen senkrechten Schmuckglied, das das Hochstreben des Pfeilers weiterführt und ausklingen läßt (vgl. Abb. 78).

A) Kathedral-Typus mit basilikaler Anordnung. Beispiel: Schnitt durch den fünfschiffigen Dom zu Köln (vgl. Text und Abb. 78). Belichtung aus dem hohen, nun ganz in Fenster und Pfeiler aufgelösten Oberlichtgaden. Reiches, frei über die Dächer der Seitenschiffe geführtes Strebewerk.

B) Hallenkirche. Beispiel: Schnitt durch die dreischiffige Frauenkirche zu München (1468 bis 1477). Gleichhohe Gewölbe aller drei Schiffe, Fenster vom Sockel bis zum Scheitel der Gewölbe durchlaufend. Strebepfeiler eng an die Längsmauern gezogen. Sargmauern über den Längsreihen der Gewölbpfeiler und ihren Gurtbögen nehmen die Last des Dachstuhles auf.

Erläuterung der Schnitte: Beide Schnitte sind im gleichen Maßstab. Die linke Hälfte der Abb. *A* und B ist durch die Pfeilerzone geschnitten, die rechte Hälfte dagegen durch die Fensterzone. Die Schnittflächen durch das Mauerwerk sind schwarz angelegt. Dadurch bietet sich eine gute Vergleichsmöglichkeit, wie weitgehend die Fensterzonen bis auf wenige karge Reste von Mauerwerk befreit sind und sich nahezu völlig, trotz der gewaltigen Ausmaße des Bauwerkes, mit hohen Fenstern dem Licht öffnen. Dagegen sind die schmalen, dicht hintereinandergereihten Pfeilerzonen sehr kräftig durchgebildet, da sie allein die außerordentlichen Gewichte sowie Schub- und Druckkräfte dieses Gebäudes auszuhalten haben.

Bauteilerklärung: (1) Mittelschiff; (2) erstes = inneres Seitenschiff; (3) zweites = äußeres Seitenschiff; (4) äußerer Strebepfeiler, am stärksten ausgebildet, übernimmt den eigentlichen Schub der Gewölbe; (5) innerer Strebepfeiler, bremst den Schub und stützt die sonst zu langen Strebebögen in ihrer Mitte; (6) Strebebögen mit Maßwerk und Krabben in doppelter, übereinander angeordneter Führung frei und hoch über den Dächern der Seitenschiffe; (7) Gewölbekappe, gebust (sphärisches Dreieck); (8) Gewölberippe; (9) Gurtbogen; (10) Schlußstein; (11) Sargmauern mit Konsolgesimsen, auf denen der Dachstuhl aufliegt; (12) Fialen; (13) Wasserspeier; (14) Bündelpfeiler, setzt sich zusammen aus Pfeilerkern mit vielen vorgelegten Diensten, von denen jeder eine Rippe oder einen Gurtbogen trägt; (15) Pfeilerfigur auf Konsole und unter Baldachin; (16) Größe eines Menschen zum Vergleich für die Ausmaße der Bauwerke und Bauteile, z. B. das Mittelschiff des Kölner Domes hat eine Scheitelhöhe von 61 m; (17) achteckiger Pfeiler der späten Gotik; (18) Netzgewölbe; (19) Sargmauern ohne Konsolgesims; (20) Scheitelpunkt der Gurtbögen, tiefer liegend als der Scheitelpunkt der Gewölberippen; (21) Scheitelpunkt der Gewölberippen, höher liegend als der Scheitelpunkt der Gurtbögen.

C) Ansicht eines Bauabschnittes vom dreischiffigen Langhaus des Regensburger Domes (beg. 1275) mit Strebepfeilern und -bögen.

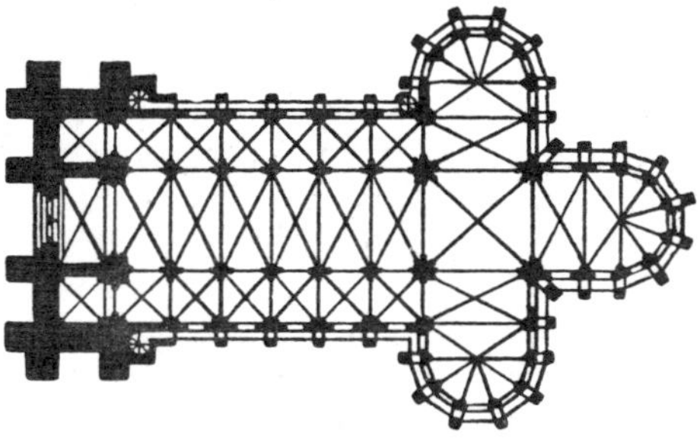

Abb. 61. Gotischer Trikonchos: Grundriß der St. Elisabeth-Kirche zu Marburg a. d. Lahn (1235—1283), Länge ca. 62,2 m. Apsis und Chor sind ohne Abgrenzung zu einer Einheit verwachsen. Diese Einheit bildet mit den beiden gleichgestalteten Armen des Querschiffes mit der Vierung als Mitte jene Kleeblattform, die als Trikonchos antiker Raumformen bekannt ist (s. Abb. 9(2)). Mit dieser Lösung nimmt St. Elisabeth, Marburg, auch unter den Grundrissen der großen gotischen Epoche eine Sonderstellung ein. Von besonder Schönheit des Raumes. Vierteiliges Kreuzgewölbe. Die Wände werden zu Pfeilern, die das Gewölbe tragen und zwischen denen sich Fenster in zwei übereinander geführten Zeilen spannen (s. Abb. 77).

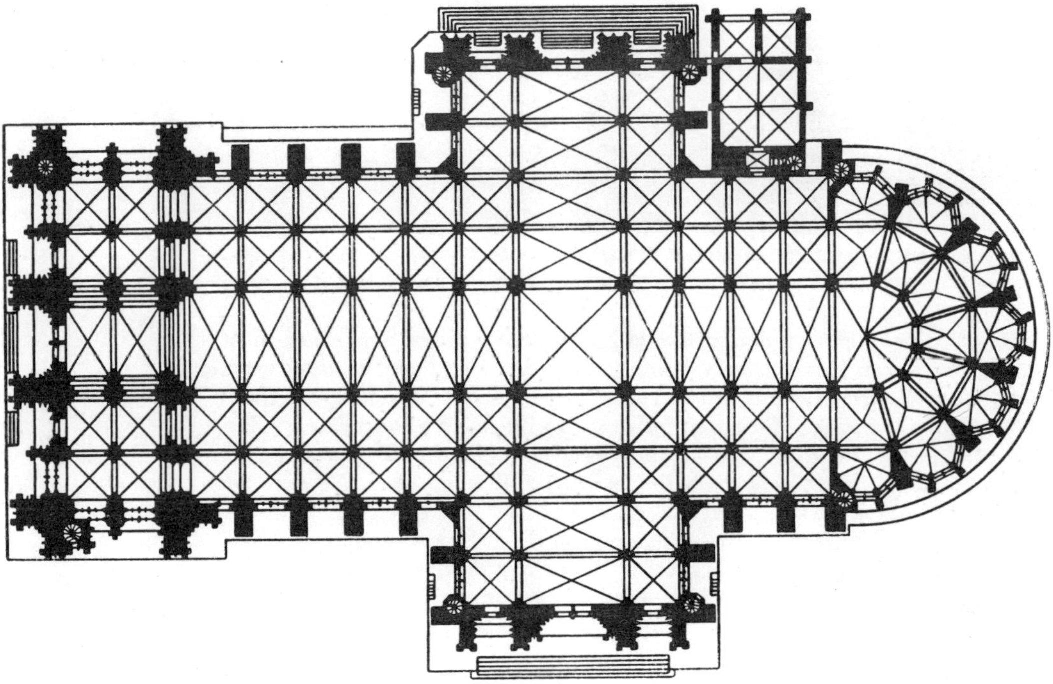

Abb. 62. Kathedral-Grundriß des Kölner Domes St. Peter. Bauzeiten: Baubeginn 1248, im wesentlichen durchgehende Arbeit bis zur Chorweihe 1322. Danach wird das Werk nur zögernd weitergeführt, bis es von 1560 an endgültig zur Bauruhe kommt. Zu dieser Zeit stehen Chor, Abschnitte des Querschiffes, Langhauses und südlichen Westturmes. Erst der Geist der Romantik belebt wieder den Gedanken, den Bautorso nicht verfallen zu lassen. 1823 beginnen Wiederherstellungsarbeiten, denen 1842 die Wiederaufnahme der eigentlichen Bautätigkeit folgt. 1880 Vollendung und Weihe. Baumaße: äußere Länge 144 m, Höhe und Breite je 61 m, Höhe der beiden Westtürme je 157 m. Fünfschiffiges Langhaus, nur gering über das Langhaus ausladendes dreischiffiges Querhaus, Chorumgang, Kapellenkranz (s. Abb. 78 und 79). Der Bau schließt sich eng an die Vorbilder der großen französischen Kathedralen Amiens und Reims an. Proportionierung des Grundrisses aus dem gleichseitigen Dreieck. Ebenso kann in den Querschnitt (Abb. 60) ein gleichseitiges Dreieck eingezeichnet werden, da sowohl Höhe wie Breite des Bauwerkes je 61 m betragen.

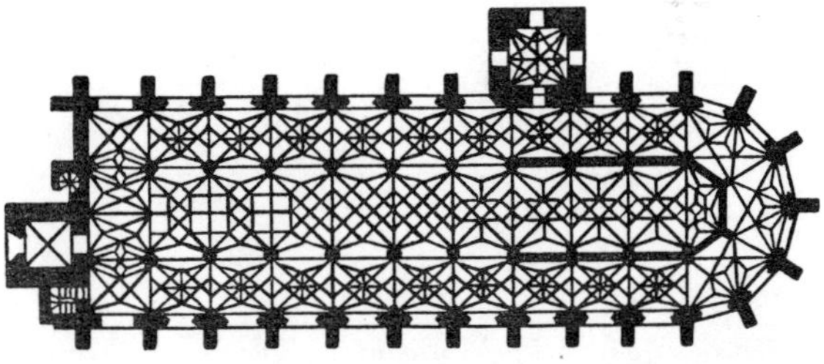

Abb. 63 Hallenkirche ohne Querhaus: Grundriß der Hallenkirche St. Georg (1448—1492) in Dinkelsbühl mit Netzgewölbe. Die Seitenschiffe als Umgang um den Chor und mit diesem zur Einheit verschmolzenen Apsis geführt. Scheitelhöhe der drei gleichhohen Schiffe 21,25 m; Gesamtlänge 76,9 m.

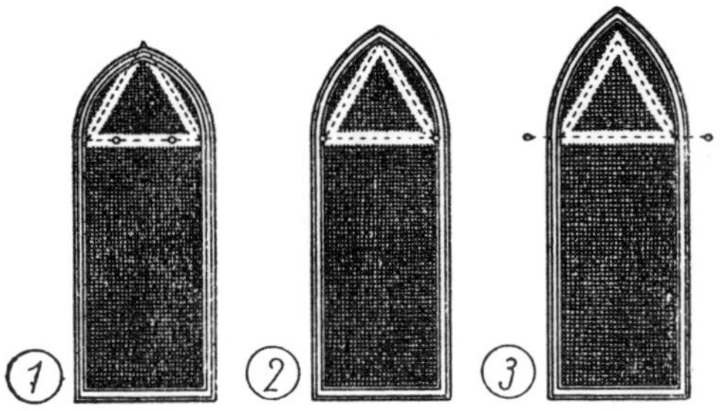

Abb. 64. (1) Gedrückter, (2) gleichseitiger und (3) steiler Spitzbogen der frühen, mittleren und hohen Gotik. Zur Verdeutlichung der Wandlung ist in alle drei verschiedene Formen gleichbleibend dasselbe gedachte Dreieck eingezeichnet. Die kleinen Kreise auf Höhe der Fußlinie der Dreiecke bezeichnen die Einsatzpunkte für die Zirkelschläge, mit denen die Fensterbögen entworfen wurden. Bei (1) liegen sie innerhalb der Fensteröffnung, bei (2) auf dem Gewände bzw. Stabwerk und bei (3) außerhalb der Fensterbreite. Die Proportionierung wird in der frühen Gotik aus dem gleichseitigen Dreieck gegeben, das Teil des regelmäßigen Sechseckes ist, in der mittleren Gotik aus dem Dreieck, das Teil des regelmäßigen Achteckes ist, in der Hochgotik und späten Gotik aus dem Dreieck, das Teil des regelmäßigen Zehneckes ist.

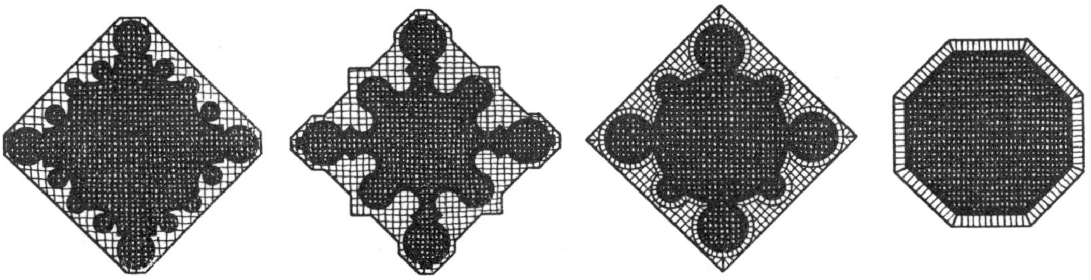

Abb. 65. Gotische Pfeilergrundrisse: Die Pfeiler wenden im Gegensatz zur Bauweise des romanischen Stils dem Eintretenden ihre Schmalseite zu. Sie stehen nicht mehr mit ihren Kanten, sondern ihren Diagonalen in der Längsrichtung des Gebäudes und wirken schlank und steil. Diese Wirkung wird wesentlich unterstützt durch die Häufung senkrechter Linien, die sich sowohl aus ihrer Profilierung als auch den vorgelegten Diensten und den zwischen ihnen liegenden tiefen Einschnitten ergeben (vgl. Abb. 79 und 80). Als Dienste werden jene vorgelagerten Dreiviertelsäulen bezeichnet, welche, vom Fußboden aufsteigend und bis ins Gewölbe geführt, jeweils dazu „dienen", die einzelnen Lasten der Gurtbögen, Diagonalbögen und Rippen aufzunehmen.

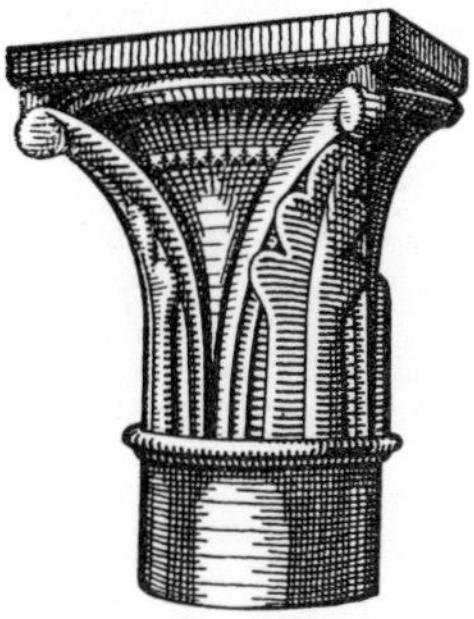

Abb. 66. Knospenkapitäl aus der Klosterruine zu Walkenried am Harz (Mitte 13. Jahrh.). Diese Weiterentwicklung aus dem Kelchkapitäl zeigt, wie sich in der gotischen Zeit das Kapitäl jener steilen Form des Kernes anpaßt, welche die ungeheuren Lasten aufzunehmen hat, die, vom Gewölbe herrührend, durch die Rippen übertragen werden, bis schließlich in der letzten Form der gotischen Hallenkirchen (Abb. 80) das Kapitäl ganz wegfällt.

Abb. 67. Gotisches Blattkapitäl am Westlettner (um 1250) des Domes zu Naumburg. Im Schatten unter dem Laub ist noch die alte Form des Kelchkapitäls zu erkennen, vor welchem die Blätter leicht zu schweben scheinen (Text über Form, Konstruktion und Ornament in der Gotik = Seite 68).

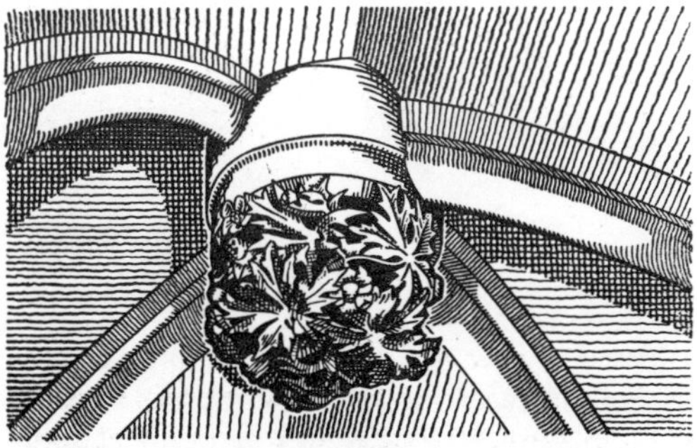

Abb. 68. Gotischer Schlußstein im Rippengewölbe des Domes zu Naumburg (11. und 13. Jahrh.) (vgl. Text über Form, Konstruktion und Ornament in der Gotik = Seite 68).

Abb. 69. Ornament der *Rose* (um 1290—1298) über dem Westportal des Straßburger Münsters Unserer Lieben Frau. Die Rose ist aus dem romanischen Radfenster entstanden. Sie ziert meist die Mitte der Westfassade. Schönste Formen des Maßwerkes bilden ihre Füllung. Mit fast 14 m Durchmesser ist sie am Straßburger Münster zu höchster Vollendung gelangt (vgl. Abb. 70).

Abb. 70. (nebenstehend) *Schmuck der Fassade:* Unterer Teil der Westfassade (Baubeginn 1276) des Münsters Unserer Lieben Frau zu Straßburg (erster Baubeginn 1015, zweiter Bau Ende 12. und erste Hälfte 13. Jahrh. mit Chor und Querhaus, Langhaus 1250—1275, Westfassade begonnen 1276, Nordturm 1399—1439, Höhe 142 m). Freistehendes Stab- und Maßwerk vor den Mauern der Wand; Reichtum der Plastiken (s. Abb. 69). Das massive Mauerwerk der Wand, das hier infolge des großen Druckes der darüber lastenden Türme nicht aufgelöst werden kann, wird durch solches Maßwerk übersponnen und seiner Erdschwere entkleidet.

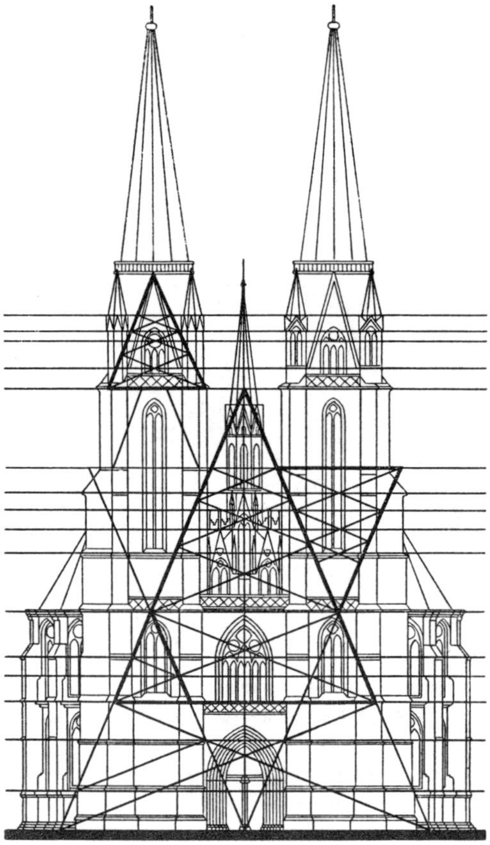

Abb. 71. Proportion des Bauwerkes: Westansicht der St. Elisabeth-Kirche in Marburg an der Lahn (1235—1283, Türme 1314—1360) mit Einzeichnung des Prinzips, aus dem die Proportionen des Bauwerkes entwickelt wurden (s. Abb. 61 und 77) (vgl. Text: Proportionierung der gotischen Bauwerke = Seite 71).

Abb. 72 (nebenstehend). *Gotische Turmhelme:* Blick zwischen den Chortürmen („Hahnentürme", begonnen 1394) hindurch über den langen First des Mittelschiffes (begonnen 1255) zum filigranartig durchbrochenen Helm des Westturmes (ca. 1275 bis erste Hälfte des 14. Jahrh.) vom Freiburger Münster Unserer Lieben Frau (ca. 1185—1513). Durch die Perspektive wirkt auf dieser Zeichnung der weit entfernt stehende Westturm sehr klein gegenüber den beiden Chortürmen im Vordergrund.
Bauteilerklärung: (1) Fiale, kleines gotisches Schmucktürmchen, das in der Regel die oberen Enden von Pfeilern krönt und die Schrägen, z. B. bei Wimpergen, flankiert (vgl. Abb. 60); (2) Krabbe oder Kriechblume, ein Blattornament, das in regelmäßigen Abständen nahezu jede schräge Kante

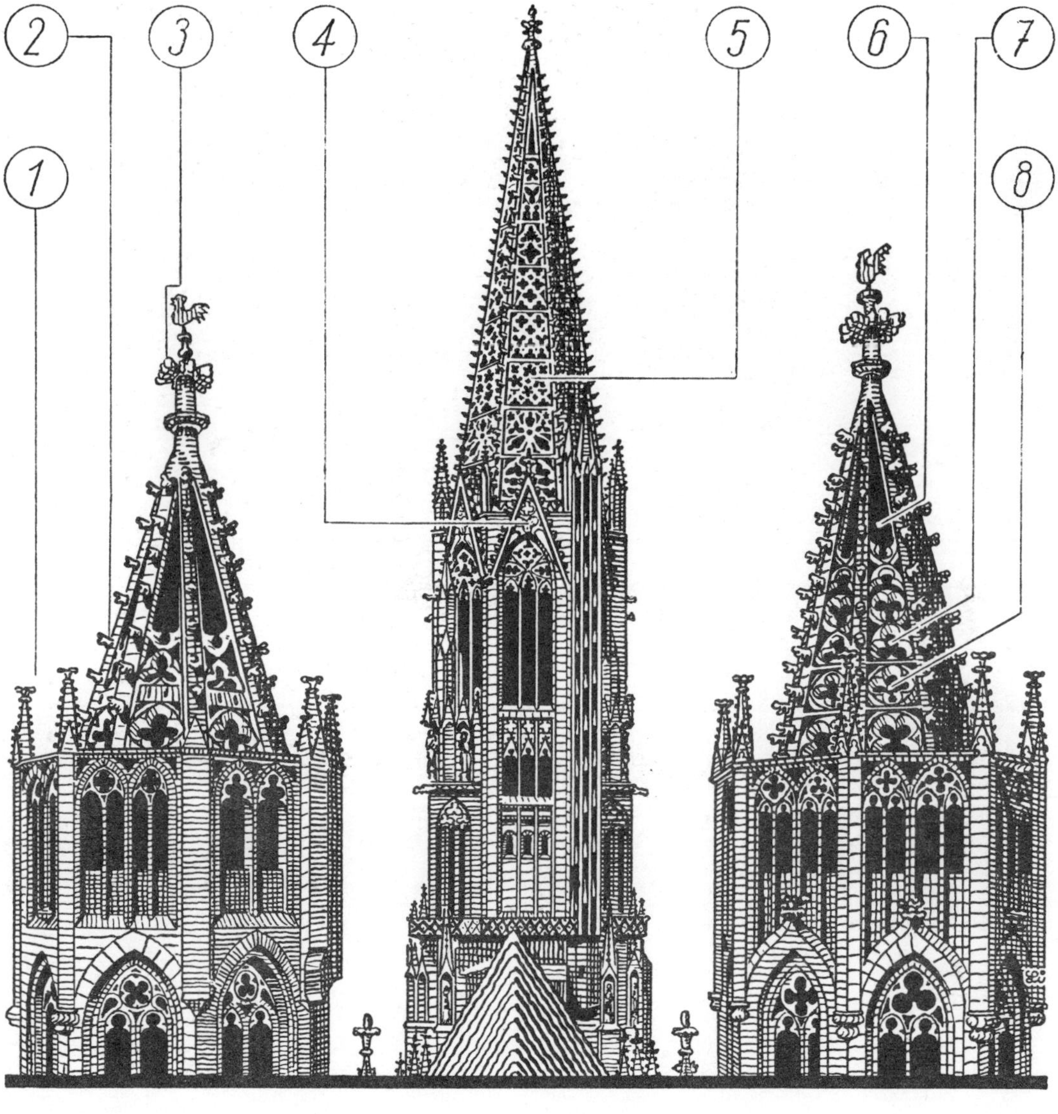

am gotischen Bauwerk in ihrer Strenge rhythmisch auflockert; (3) Kreuzblume, kreuzförmig ausladendes Blattwerk auf den meisten großen und kleinen Spitzen gotischer Bauten; (4) Wimperg, die Maueröffnungen überhöhender Ziergiebel (vgl. Abb. 73); (5) Maßwerk, feines, zartes Bauornament. Es entsteht aus Zirkelschlägen, d.h. es wird „gemessen". Seine strenge geometrische Ordnung wird in späterer Reife vielfach durch pflanzlich-organische Zutaten belebt (vgl. Abb. 74); (6) Fischblase, einseitig gerade oder gekrümmt (vgl. Abb. 74) ausgezogener Paß (s. beide folgenden Punkte); (7) Dreipaß, geometrische Figur des Maßwerkes in seiner häufigsten Erscheinungsform. Innerhalb eines Kreises schließt sich eine kleeblattförmige Reihung kleinerer Dreiviertelkreise zusammen; (8) Vielpaß, Erweiterung des Dreipasses (vgl. Abb. 69, 73 und 83).

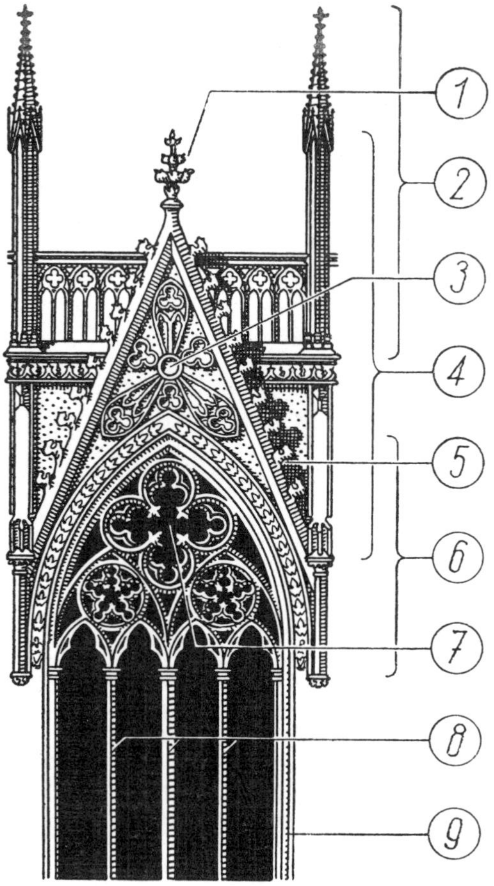

Abb. 73. *Hochgotischer Fensterschmuck* vom Kölner Dom St. Peter. Bauteilerklärung: (1) Kreuzblume, stilisierter Blattschmuck hochragender Spitzen; (2) Fiale, Ziertürmchen zur bekrönenden Endung, häufig zu seiten der Ansatzstellen von Bögen, da die hier wirkenden seitlichen Schubkräfte vom senkrecht drückenden Eigengewicht der Fialen abgebremst werden; (3) Blendmaßwerk, fest auf der Wand aufliegendes Maßwerk zum Schmuck repräsentativer Flächen; (4) Wimperg; (5) Krabbe, in regelmäßigen Abständen gereihte Kriechblume auf Schrägen des Mauerwerkes; (6) Maßwerk; (7) Vielpaß; (8) Stabwerk; (9) zu Stabwerk vermindertes Gewände.

Abb. 74. Teil eines gotischen *Maßwerkes* aus dem Dome St. Martin zu Mainz (zweite Hälfte des 13. Jahrh.). Reicher Fensterschmuck der Hochgotik. Die Formen des Maßwerks werden nicht mehr allein aneinandergereiht, sondern durchdringen sich wechselseitig. Sie werden zum Teil aus pflanzlichem Laub- und Rankenwerk mit Endungen in Blättern und Knospen gebildet. Damit verliert das Maßwerk an harter Strenge und löst sich zu gefälligeren Formen auf. Aber diese Auflösung ist auch ein Zeichen dafür, daß der gotische Stil seinen Höhepunkt überschritten hat und sich seinem Ende zuneigt.

Abb. 75. Spätgotische Bogenformen: Die gleiche Erscheinung wie beim Maßwerk tritt auch in der Gestaltung des eigentlichen Bogens auf. Die ursprünglich strenge, ruhige Spitzwölbung erfährt verschiedenartige Abwandlungen. Der Kielbogen (1) entsteht aus der gegenläufigen Schweifung der Bögen zu einer übersteigerten Spitze. Der Vorhangbogen (2) kehrt die Bogenwölbung von außen nach innen um, wodurch die Spitze unmittelbar aus den Senkrechten der zu überdachenden Öffnungsseiten bricht. Beim Tudorbogen (3) wird jede Bogenhälfte aus mehreren Kreisbögen verschieden langer Radien zusammengesetzt. Diese Sonderform findet sich vorwiegend in England. Ihr Name (sprich: tjudor) stammt von dort. Der „gekappte Kleeblattbogen" (4) beginnt mit seinem seitlichen Bogenansatz wie der Tudorbogen, die Mitte wird jedoch von einer flachen Rechteckform überhöht. Bei diesen Formen tritt eine reichere Bandprofilierung auf, die sich in den Spitzen zu Flechtmustern durchdringt.

Abb. 76. Spätgotischer Lettner (Mitte 16. Jahrh.) zeigt den spätgotischen Kielbogen und die ganze Fülle der Ornamentformen der Gotik (s. auch Abb. 73 und 74).

Abb. 77. Gotischer Trikonchos: Choransicht der St. Elisabeth-Kirche zu Marburg an der Lahn (1235 —1283). Für den gotischen Stil typische Eigenschaften = nur noch zwei mächtige Westtürme; über der Vierung lediglich eine Turmnadel; Verschmelzung der Apsis mit Chor; Trikonchos = Kleeblattform im Grundriß; Dachlast und Gewölbeschub ruhen nicht mehr auf Wänden, sondern auf nach außen abgestuften Strebepfeilern und auf den verdeckt in den Dachraum greifenden Mauern über der Längsreihe der Pfeiler des Mittelschiffes, den sogenannten Sargmauern; zwischen den Pfeilern hohe Fenster (noch in zwei Zeilen übereinander); die Senkrechten überwiegen (s. Abb. 61).

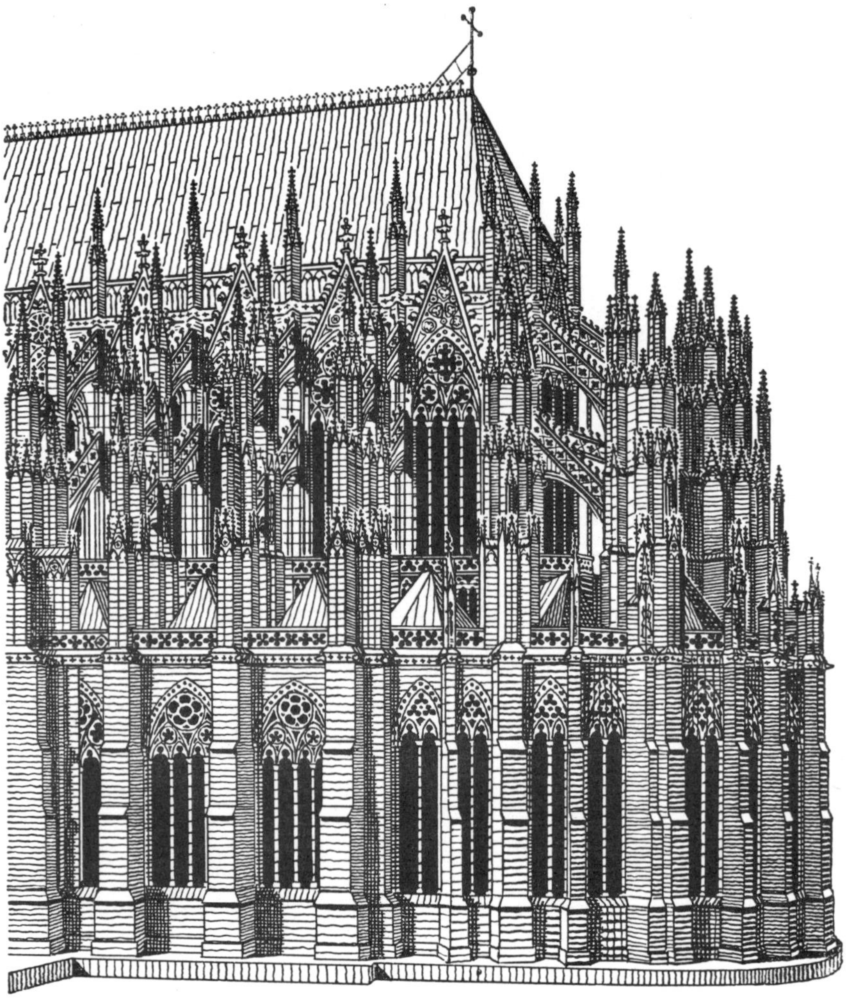

Abb. 78. Ansicht des Chores (Weihe 1322) vom Kölner Dom St. Peter von Südosten mit Strebepfeilern, Chorumgang und Apsidenkranz. Diese Hauptkonstruktionselemente werden nach außen hin überwuchert von der Vielzahl der gotischen Schmuckteile: Fialen, Krabben, Maßwerk und Blendmaßwerk. Umso eindrucksvoller wirkt das ebenmäßig ruhige Steigen aller Linien im Innern dieses Bauwerkes (Abb. 79), die den Blick bis zu einer Höhe im Scheitel von 61 m emporführen. Diese Höhe entspricht der Gesamtbreite aller 5 Schiffe. Die äußere Länge des Domes St. Peter in Köln beträgt 144 m, die Höhe der beiden Westtürme 157 m. Seine Bauzeiten: Beginn 1248 — Chorweihe 1322 — zögernde Weiterführung — 1560 bis 1842 Bauruhe — Vollendung 1880. Entwicklung: Während die Seitenschiffe in der romanischen Basilika in der Regel das Mittelschiff nur bis zum Querschiff begleiten — erst mit den Hirsauer Baugewohnheiten als Parallelchöre darüber hinausgreifen —, kommen nur vereinzelte Fälle vor (wie Plan St. Gallen, Hildesheim St. Michael, Hildesheim St. Godehard), in denen solche Seitenschiffe als Umgang um den Chor geführt werden, ja bei St. Godehard sogar einen Kapellenkranz zeigen. Diese Entwicklung, welche in Frankreich mit dem dritten Bau (seit 1089) von Cluny einsetzt, führt dann zu jenen reichen Chorbildungen der Gotik, wie sie Bild 78 zeigt.

Abb. 79
Inneres des Chores
(Weihe 1322)
vom Kölner Dom
St. Peter,
Höhe 61 m.
Vergleiche hierzu
die Häufung
zahlloser Einzel-
formen
am Äußeren
dieses gleichen
Bauabschnittes,
(siehe Abb. 78
einschl. Text).

Abb. 80. Verästelung der Dienste im Rippengewölbe am Chorumgang mit Kapellenkranz (begonnen 1394) des Münsters Unserer Lieben Frau (ca. 1185—1513) zu Freiburg im Breisgau. Keine Kapitäle mehr, die Dienste steigen in ungehemmtem Fluß vom Sockel bis in die Gewölbe empor, wo sie sich verzweigen und zu netzartigen Ornamenten vereinen.

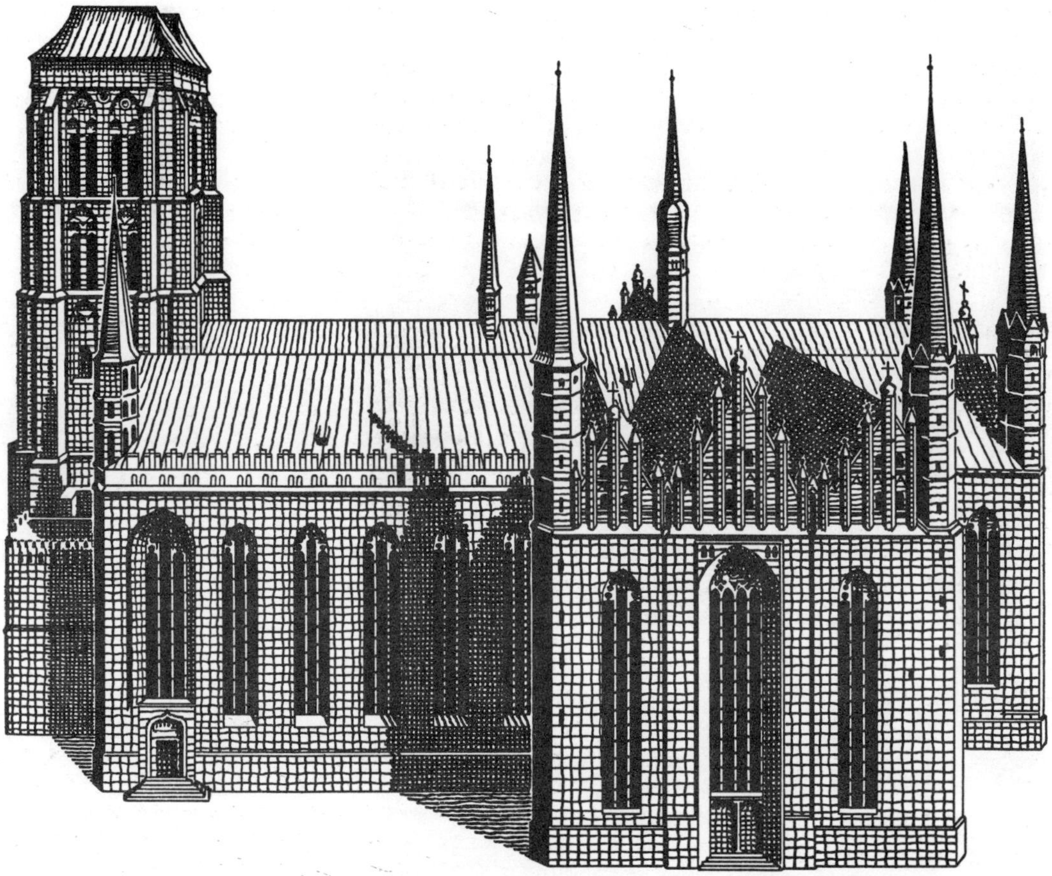

Abb. 81. Backsteingotik: Ansicht der St. Marienkirche in Danzig von Süden. Baubeginn 1240 ursprünglich als Basilika, Grundsteinlegung für wesentlich vergrößerten Neubau 1343, Vollendung 1373, Beginn weiterer Vergrößerung nach Osten 1379 und Umgestaltung zu einer Hallenkirche sowie Erhöhung des Turmes bis 1498. Einwölbung 1502. Höhe der drei Schiffe 27 m.

Abb. 82. Gotische Fachwerkhäuser mit vorgetreppten Giebeln und einer Durchfahrt. Zahlreiches Strebewerk, schmale steigende Proportion. Geringste Grundfläche bei großem Nutzraum. Begründung: Kostbarkeit des Bodens innerhalb der Stadtmauern.

Abb. 83. Gotisches Rathaus zu Münster in Westfalen (Ziergiebel 1330) mit Laubengang. Der Laubengang bietet über sich eine Erweiterung des Nutzraumes (vgl. Abb. 82) und den Fußgängern Schutz vor der Witterung.

Abb. 84. Figur mit „gotischem Schwung":
St. Maria (um 1300) an einem der Pfeiler im Chor
des Domes St. Peter zu Köln

VON DER RENAISSANCE

Die Renaissance löst, als erste Epoche künstlerischen Schaffens der Neuzeit, das Mittelalter ab. Der Beginn ihrer Baukunst in Deutschland fällt mit dem Zeitalter der Reformation zusammen. Die Fuggerkapelle bei St. Anna, Augsburg (1509—1512, 1518 geweiht), leitet als frühestes Bauwerk diesen Stilabschnitt ein.

Ursprung

Ursprungsland der Renaissance ist Italien. Hier beginnt die Entwicklung mit den Bauten Fillipo Brunellescos (1377—1446) mit seinen köstlichen Frühwerken, dem Findelhaus (1419—1451) und der Capella dei Pazzi (1420) zu Florenz. 1436 wird die Kuppel des Domes zu Florenz nach seinen Plänen vollendet. Im Mittelpunkt des neuen Schaffens steht der Profanbau. Die Paläste: Palazzo Pitti (1458—1549), Palazzo Medici-Ricardi (nach 1434), Palazzo Strozzi (begonnen 1489), Palazzo Guadagni (Ende 15. Jahrh.), Palazzo Rucellai (1446—1451) in Florenz sind die bekanntesten der frühen Zeit. Die Farnesina (1509—1511), Villa Caprarola (ca. 1547—1559), Villa Papa Giulio (Mitte 16. Jahrh.), Palazzo Farnese (begonnen 1534), Rom (Abb. 92, 93), sind die Schlußsteine des Abschnittes der Hochrenaissance. Die Kirchen S. Francesco in Rimini (1446—1455), S. Andrea (erster Bau um 800, zweiter Bau um 1049, dritter Bau 1472—1494, Presbyterium und Krypta um 1600) in Mantua, Sta. Maria Novella (Fassade um 1470) in Florenz, sind die bekanntesten der frühen, der Petersdom (s. Text zu Abb. 130) und Il Gesù (1568—1573) in Rom jene der letzten Stufe. Die Namen der größten Baumeister: Brunellesco (1377—1446), Leon Battista Alberti (1404—1472), die Brüder Giuliano (1445—1516) und Antonio (1455—1534) da Sangallo, Bramante (1444—1514), Baldasare Perruzzi (1481—1536), Giulio Romano (1492—1546), Raffael Santi (1483—1520), Michelangelo (1475—1564), Palladio (1508—1580), Vignola (1507—1573).

Leon Battista Alberti (1404—1472) mit seinen 10 Büchern über Architektur, denen sich eines über Musik anschließt, wird zum ersten Architekturtheoretiker der Neuzeit, welcher die Gesetze der Baukunst, der Ordnung und der Harmonie aus Schriften der Antike und deren Bauwerken zu ergründen sucht. Mit Serlio (gestorben 1552), Palladio und Giacomo Barozzi, genannt Vignola, dessen Buch über die fünf Säulenordnungen, erreicht diese Entwicklung ihren Höhepunkt. Palladio prägt das Gesicht der Stadt Vicenza durch seine Bauten. Vignolas Hauptwerke: Villa Caprarola, Villa di Papa Giulio und Il Gesù, das nun schon wie Michelangelos Petersdom (Abb. 130) aus der Hochrenaissance in die nächste Stilepoche des Barock hinüberleitet.

Geistige Grundlagen, Ordnung und Formelemente

Seit dem Einbruch des Christentums in die antike Geisteswelt gibt es bis zur Renaissance keinen so entscheidenden Umbruch im Kultur- und Geistesleben wie jenen zwischen Gotik und Renaissance. Im Seelischen: Übergang von der Vorherrschaft des intuitiven Fühlens zur Vorherrschaft des durch den Verstand ordnenden Denkens. Im Erfassen des äußerlich-sinnlich Gegebenen: Übergang von der Vorherrschaft der durch die Vorstellung bedingten Betrachtungsweise in das vorurteilslose Forschen in der Natur. Mit der Renaissance geht die Bewegung des Humanismus überein, in welcher der Mensch in seiner klaren Ordnung und seiner Erziehung zum edlen Menschentum in den Mittelpunkt aller Bildung gestellt wird. Erwachen der Einzelpersönlichkeit, des scharf beobachtenden, auf das sinnlich Gegebene gerichteten Bewußtseins, Streben nach äußerer Sinnenschönheit und äußerer Ordnung. Folgerichtig mußte auch die Baukunst auf klare Ordnung der Verhältnisse und Proportionen der wohlgeordneten, harmonischen Linienführung in Fläche und Raum ausgehen. Charakteristisch wird die ebenmäßige Aufteilung, Betonung von Fläche und Öffnung durch feingegliedertes, umrahmendes Profil, die übersichtliche Durchbildung in einzelne Geschosse, gelagerte und gereihte Formen, Axialität, zurückhaltend in der Modellierung, eindeutige Gestaltung der Glieder. Somit mußte diese Zeit naturgemäß auf das Vorbild der Antike zurückgreifen. Renaissance heißt Wiedergeburt — Wiedergeburt der Antike.

Übergang zur deutschen Renaissance, Verwirrung und Klärung der Form

Wie die nordische Gotik in ihrem inneren Kern — dem Grunderlebnis des hohen, schwingenden, fast durchscheinend aufgelösten Raumes — in Italien fremd blieb, so ergeht es im Norden der Renaissance mit ihrer klaren Ordnung der Flächen und Baukörper, ihrer südlichen Schönheit der Formen. Ihre Einzelheiten — architektonische und schmückende Glieder — werden zwar begierig aufgenommen. Doch kann der Norden sich nicht von der Vorstellung des verschlungenen Flechtwerkes lösen, das, in der Knüppelgotik entartet, nun auch die übernommenen Formen überwuchert. („Knüppelgotik" bezeichnet jene Formen, die wie Knüppel, naturalistisch gebildet, durcheinandergesteckt und charakteristisch für die letzten entarteten Schmuckformen der Gotik sind.)

Die Säulen werden mit Bänderwerk und sinnwidrigen Mustern, mit eingeschlagenen Nägeln und Rollwerk verziert, als Kandelabersäulen ausgebaucht. Vorhangbögen, Pilaster, Hermen, Roll- und Rankenwerk, starke Rustika — die das Mauerwerk überzieht, vergröbert im Steinschnitt, mit scharfkantigen Profilen — werden in verwirrender Fülle als Schmuckwerk verwendet. Die Form ist dem Bauwerk aufgesetztes Ornament geworden. Damit erhält sie einen vollkommen anderen Sinn. Im Mittelalter wurde sie aus der Arbeit am Stein in steter Ausübung — vom Bauwerk und dessen Sinn her durchdacht — entwickelt und von Bauhütte zu Bauhütte weitergegeben. Im Gegensatz dazu wird nun das schmückende Beiwerk gezeichnet, in Kupfer gestochen, durch Vorlagewerke verbreitet und buchstäblich „abgekupfert". Das letzte, wohl auch bekannteste davon, ist: Wendel Dietterlins (1550/51—1599) „Architectura von Austeilung, Symmetrie und Proportion der Säulen", erschienen 1591, das bereits in die nächste Stilepoche hinüberleitet.

In der Malerei, im Kupferstich und Holzschnitt führen die einzelnen Formen schon längst ihr phantastisches Eigenleben, ehe sie in die Baukunst mit deren härteren Bedingungen eindringen. Am regsten verbreiten die Schreiner das neue Ornament in ihren Musterbüchern. Die Knorpelrenaissance an der Weser zeigt, welch ernste Bedeutung diese Entwicklung hat. Aber auch in anderen Landschaften wird solcher Einfluß sichtbar.

Der Weg, auf dem die neuen Formen von Italien vordringen, führt über den Brenner nach Augsburg und Nürnberg. Von dort verbreiten sie sich über Süddeutschland. Wo Italiener am Werk sind, zeigen sie etwas von der ursprünglichen Formenschönheit, wie etwa in der Bibliothek des ehemaligen Fuggerhauses in Augsburg (1602—1607). In den Norden gelangen sie in bereits abgewandelter Art über Holland und die Hansestädte, den Rhein und die Weser aufwärts. Von hier greifen sie nach Westfalen und an den Harzrand über und begegnen sich mit jenen von Süden im nördlichen Sachsen.

Als nach fast einem Jahrhundert die Klärung eintritt, werden zugleich schon die Anzeichen einer beginnenden neuen Stilentwicklung sichtbar. Der „Goldene Saal" des Augsburger Rathauses und die Fassade des dortigen Zeughauses (Abb. 120), beide von Elias Holl erbaut, zeigen bereits den Ansatz des Barock. Das Rathaus mit seiner Klarheit der Flächen und Öffnungen, der straffen

Ordnung und schönen Proportionen, in seiner fast klassischen Ruhe, darf mit Recht als Vollendung der Entwicklung der Renaissance in Deutschland gelten (Abb. 113).
Von solcher Erfüllung (Ziel) her betrachtet liegt im Fortschreiten vom Unklaren zum Klaren, von der Verwirrung der Fläche zur großzügigen Flächenteilung, zur straffen Geschoßgliederung und Anordnung der Achsen, eine Entwicklung, die nun Maßstab gibt. An ihr gemessen, lassen sich Bauwerke, wie etwa die Bamberger Hofhaltung (= alte bischöfliche Residenz, 1591) in ihrer zurückhaltenden Profilierung und flächigen Planung, die Weinhäuser von Münster und Alsfeld und so manche große wie schlichte Bürgerbauten in Süddeutschland, ja selbst Bauten wie das Rathaus in Paderborn mit seinen zusammengezogenen Fensterreihen, in ihrer nun werdenden Klarheit als Stufen dieser Entwicklung anschauen.

Grundriß und Baukörper, Denkmäler und Meister in Deutschland

Auch im Grundriß und Baukörper geht die Läuterung vor sich. Aus der mittelalterlichen Burg mit dem Wechsel von großen und kleinen Räumen mit verschiedenen Höhen und in verschiedenen Geschoßlagen wird im Plan ein einheitlich organisiertes Bauwerk, in dem die Säle und Gemächer an Fluren aufgereiht und in Stockwerken gleicher Höhe geordnet werden. Bei größeren Anlagen umschließen die Baukörper den Innenhof meist quadratisch oder rechteckig, oft mit halboffenen Bogenhallen und Säulenarkaden, in den äußeren Ecken, oft aber auch im inneren Winkel von Türmen gefaßt.
Die Übersichtlichkeit der Anordnung aus rechtwinkligen Systemen im Grundriß greift auch in den Städtebau über. Hier wird sie allerdings dann in großzügiger Weise in der kommenden Epoche des Barock zu jenem wirklichen städtebaulichen Können entwickelt, das aus dem Gegensatz der Dominante, großzügiger Platzgestaltung und der Zuordnung geschlossener Räume für die kommende Zeit den Städten, vor allem den Residenzen, ihr Gepräge gibt.
Aus der Fülle der Schloßbauten dieser Zeit sind wohl die bekanntesten: Plassenburg (Neubau 1561—1599), Schloß Hartenfels (1532—1544) zu Torgau, Dresden (1530—1537), Landshut (1536—1543), Trausnitz (1550), das Piastenschloß in Brieg (Portalwand 1552—1554), Schloß Stern bei Prag (1555), der Fürstenhof in Wismar (ca. 1553—1555), Aschaffenburg (1605—1614), Heidelberg (1544—1607), Tübinger Schloß (1535), Stuttgart (1553) und München (1600—1616).
Das Aschaffenburger Schloß, von Georg Riedinger in den Jahren 1605—1614 erbaut (Abb. 114 und 115), zeigt in seinen um den quadratischen Innenhof gelagerten und in den Ecken durch Türme gefaßten Baumassen trefflich die eben beschriebene Entwicklung. Die Anordnung strahlt mit den langen Reihen der Fenster in den durch Gesimse gegliederten Geschossen so starke Ordnung (Ruhe) aus, daß dieser Klarheit gegenüber Reste des Rollwerkes in den Giebeln der Zwerchhäuser nun wirklich zum Zierat werden. In dem nicht zu entfernten Heidelberg dagegen ist die alte Gruppierung einzelner Baukörper beibehalten. In der Form von Holland her beeinflußt, zeigt es eine Überfülle, welche das Wesen der Fläche übertönt. Bei allem malerischen Reiz ist es zu einer großen Lösung in der Architektur hier nicht gekommen. Dagegen zeigen die Bauten des Alten Schlosses in Stuttgart und Schloß Gottesaue bei Karlsruhe schon ein wenig von jener reinen Schlichtheit, welche die Renaissance in ihrem Ursprungsland Italien kennzeichnet.
Neben den Schloßbauten entstehen als bedeutende Neuschöpfungen der Zeit — entsprungen aus dem Selbstbewußtsein des aufstrebenden, geistig hochstehenden Bürgertums — die großen Rat-, Zunft- und Patrizierhäuser. Bei den ersten sind dieselben Grundrißanordnungen zu finden, die sich im Schloßbau entwickelten. Im Bürgerhaus bleiben dagegen die aus örtlichen Gegebenheiten herrührenden Bindungen noch bis weit in den Barock wirksam. Diese waren zum Teil durch die enge Bauweise der mittelalterlich umwehrten Stadt bedingt, zum Teil — wie zum Beispiel bei Kontor- und Brauhäusern — durch besondere Erfordernisse.
Zu den bekanntesten der öffentlichen Bauten und Patrizierhäusern zählen: die Rathäuser von Leipzig (1556), Rothenburg ob der Tauber (1572), Straßburg (1582—1585), Paderborn (1612

—1616), Bremen (1612), Nürnberg (Renaissanceerweiterung 1616—1622) und Augsburg (1615 —1620). — Die Zeughäuser von Augsburg (1602—1607) und Danzig (1601—1605), das Gewandhaus in Braunschweig (1590), die Weinhäuser in Alsfeld und Münster (1615), die Stadtwaage, sog. Kämmerei in Neisse (1604) und das Knochenhaueramtshaus (1529) zu Hildesheim. — Die Bürgerbauten des Leibnitzhauses (1652) in Hannover, des Topler- (1590) und des Pellerhauses (1605) in Nürnberg.

Gegenüber den großen Bürger- und Schloßbauten tritt (in der Renaissance in Deutschland) der Kirchenbau fast ganz zurück. Das reiche Erbe großer mittelalterlicher Kirchen, vor allem der spätgotischen Hallenkirchen, enthebt den Protestantismus zunächst der Bemühung um Lösungen. Wo sie entstehen, sind es kleinere Saal- und Predigtkirchen, in denen die Empore als Horizontale zum raumgestaltenden Prinzip erhoben wird. Von eigentümlicher Schönheit sind davon die Stettiner Schloßkirche (1577) und die Schloßkirche zu Schmalkalden (1585—1590). Vom holländischen Frühklassizismus her sind die holländisch-französische Kirche in Hanau und auch die Trinitatiskirche des Kornelius Ryquart in Zerbst (1679—1682), die bereits schon am Übergang zum Barock steht, beeinflußt. Liturgische Neuschöpfung dieser Zeit ist der Kanzelaltar. Der Streit um seine Berechtigung läßt ihn aber ohne Nachfolge auf das markgräfliche Gebiet Ansbach-Bayreuth beschränkt. Die einzige ganz große Lösung im Raum der Gegenreformation ist die Kirche St. Michael in München (1583—1597), von Friedrich Sustris erbaut und mit dem Hochaltar von Wendel Dittrich ausgestattet. Ihr Langhaus hat tiefe tonnenüberwölbte Nischen an Stelle der ehemaligen Seitenschiffe. Das Querhaus, in seiner Breite nicht weiter ausladend als die Tiefe der Nischen, erscheint selbst wie eine solche. Das Langhaus, mit Tonne überwölbt, ist ohne Vierung und der Chor in Breite des Triumphbogens angeschlossen. Mit seinem Grundrißschema bereitet St. Michael bereits jene Raumbildungen vor, die dann im Barock zu ganz neuen und vielfältigen Lösungen führen sollen.

Ein besonderer Anteil kommt in dieser Epoche dem Fachwerkbau zu. An Stelle der starken Betonung des Strebewerkes mit seinen Diagonalen und Stehmannkonstruktionen (d. i., wenn senkrechte Pfosten = Ständer im Fachwerk zu beiden Seiten mit schrägen Streben abgestützt werden, sodaß sie einem „Manne" gleichen, der auf gespreizten Beinen „steht") entwickelt sich jene großzügige Form, in der die einzelnen Geschosse die bestimmende architektonische Gliederung bewirken. Das geschieht vornehmlich in Niedersachsen, im Artland und Westfalen. Während in der gotischen Bauweise bereits einfach aus der Konstruktion die Geschosse überkragten, treten jetzt die Knaggen (Holzstützen) zurück und beeinträchtigen daher weniger die Horizontalwirkung. Die in Achsen ausgerichteten und gereihten Fenster unterstreichen die Klarheit dieser Ordnung. Auf den waagrechten Balken der Schwellen, Rähme und Füllhölzer sowie den ausgefüllten Zwickeln zwischen Fußbändern und Ständern bilden Rosetten und Palmetten ein flächiges Schmuckwerk. Es tritt also damit an die Stelle des der Runenschrift ähnlichen Fachwerkes die architektonische Gliederung.

Süddeutschland mit seinem schlichten Putzbau scheint im kleinen Bürgerbau geradezu vorbestimmt zu sein, die Flächigkeit für die kommenden Zeiten festzuhalten. Von nun an bildet sich sowohl in der Renaissance wie im Barock und Klassizismus eine Form bürgerlichen und ländlichen Bauens heraus, die, beinahe zeitlos, auf das Empfinden wirkt. Anfang zu solchem Bauen sind bereits die kleinen Häuser der Fuggerei zu Augsburg, der ersten Siedlung in der Entwicklung der Baukunst.

Abb. 85. Bild des Charakters: Antlitz des Rudolf von Scherenberg auf dessen Grabmal (1496—1499) aus Salzburger Marmor von Tilman Riemenschneider an einem Mittelschiffpfeiler im Dom (begonnen 1034) zu Würzburg.
Die Darstellung des Menschen im frühen Mittelalter bedeutet nicht Portrait im heutigen Sinne. Sie ist vielmehr eine Veranschaulichung seiner Macht, seiner ihm zukommenden Aufgabe. Auch das späte Mittelalter sucht nicht das Äußere. Der Kern, das Wesen bedeutet mehr als das Zufällige des Alltages. Mit dem Einbruch der neuen Geisteshaltung und der Wendung nach Außen, zugleich mit dem Erwachen des Selbstbewußtseins kommt es, daß einmal die individuelle Persönlichkeit dargestellt wird, zum anderen auch jene Züge, welche durch das Leben geformt werden. Die Falten des Alters in dem Riemenschneider'schen Bildnis zeigen schon solche wesenseigenen Züge, obwohl bekannt ist, daß das Bildnis erst nach dem Tode des Porträtierten, also nicht nach dem Modell, entstand. Es ist ein sehr gutes Bild des Charakters von Scherenberg, den Riemenschneider viele Jahre gekannt hat.

Abb. 86. Bild als Selbstzweck: Holzbüste, Bildnis des Pfalzgrafen Friedrichs II. des Weisen von Friedrich Hagenauer aus Augsburg (um 1530). Mit dem Hervortreten der Persönlichkeit geht der Wandel des Bildnisses Hand in Hand. Suchte es früher vorwiegend den Menschen in seiner Gebärde: des Anbetenden, des Herrschenden, des Heiligen, des Büßenden, so erscheint jetzt das naturnahe Bild des Kopfes des Menschen, die Büste. Wenn auch das Zufällige in unserem Sinne noch zurücktritt, so ist doch das Individuelle stark ausgeprägt. Dabei löst sich die Darstellung von der Bindung an die Baukunst. Sie wird zum Selbstzweck.

Abb. 88. Selbstdarstellung des Peter Vischer an dem von ihm geschaffenen Sebaldusgrab (Bronzeguß 1508—1519) in der Sebalduskirche in Nürnberg. Mit dem Heraustreten des schöpferischen Menschen aus der Anonymität des Standes, der Arbeitsgemeinschaft, erwächst das Geltungsbewußtsein des Künstlers. Er signiert nicht nur sein Werk, er fügt sein eigenes Bild oftmals seinem Werke ein.

Abb. 87. Freistehendes Denkmal: Frei im Kirchenraum stehendes Bronzestandbild König Arthurs (datiert 1513) von Peter Vischer aus Nürnberg nach Zeichnungen Albrecht Dürers vom Grabmal Kaiser Maximilians I. in der Hofkirche (1553—1563) zu Innsbruck. Hier ist der Schritt zur Rundplastik gewagt; die Figur ordnet sich nicht mehr dem Linienfluß eines Pfeilers oder einer anderen Architektur ein. Sie steht frei im Raume in natürlicher, ungezwungener Haltung, soweit Repräsentation und Würde des Dargestellten dies gestattet.

Abb. 90 (rechts). *Hochaltar der frühen Renaissance* (1511—1516) von Hans Leinberger in der Stiftskirche (um 1200, Chor begonnen 1468) zu Moosburg. Noch reiche Häufung gotischen Schmuckwerkes und gotischer Höhendrang. Im Gegensatz dazu: die individuell-charakterisierende Durchbildung der Figuren (vgl. Abb. 91).

Abb. 89. Der menschliche Körper: Apollobrunnen im Hofe des Rathauses zu Nürnberg, Bronzeguß (1532) von Hans Vischer. Einfluß italienischer Hochrenaissance. Durch die Lösung der mittelalterlichen Bindungen — welche die Darstellung des nackten Menschen, außer im Rahmen des biblischen Zusammenhanges, nicht wünschte — wird, genährt durch die Neuentdeckung der antiken Kunst, der Sinn auf die anatomisch richtige und künstlerische Wiedergabe des menschlichen Körpers, auf Studie und Akt gelenkt. Die letzte Kettung der Plastik an das Bauwerk, die solche Freiheit hemmen würde, fällt, und nur noch unter dem leichten Mantel des mythologischen Zusammenhangs steht der unbekleidete menschliche Körper ungezwungen unter freiem Himmel.

Abb. 91 (rechts). *Altar der reifen Renaissance* (1564) von Christof Walter aus der Liebfrauenkirche (um 1250) zu Penig in Sachsen. Alle Einzelformen lehnen sich den aus der Antike abgewandelten der italienischen Renaissance an: den starken Senkrechten der Säulen entsprechen kräftige Waagrechte in Gesimsen, Giebel- und Bogenbedachungen; Figuren über den Säulen und als Bekrönung des obersten Bogens auf dem Scheitel zeigen noch einen Rest der Auflösung; aufsteigende Voluten in den Winkeln zwischen Mensa und Tafel vermitteln dagegen zwischen Unter- und Oberbau; an Stelle des Übermaßes der Erregung und steigenden Bewegung der Linien ist nun durch jene Formen insgesamt ein Halt, eine Ruhe getreten.

Abb. 92. Das italienische Vorbild: Teil der Hoffassade des Palazzo Farnese in Rom (nach 1534) von Antonio da Sangallo d. J., von Michelangelo vollendet. Wohltuend ruhige Proportionen. Einzelne Bauelemente entsprechen den Bauformen der Antike. Ionisierende Kapitäle an den Trägern des ersten Stockwerkes. Triglyphen- und Metopenfries über dem Erdgeschoß. Masken- und Girlandenfries über dem ersten Stockwerk. Diese Grundgestalten, obwohl einzeln entlehnt, stehen in der italienischen Renaissance in einer neuen Gesetzmäßigkeit. Sie entspringt jenem Geiste, der sich in der Frührenaissance in Florenz jungfräulich und frühlingshaft, in der Hochrenaissance in Rom in letzter ausgereifter Klarheit und Kraft zeigt. Hauptelement der Ordnung bleibt in der frühen wie in der späten Zeit Zurückhaltung, Flächigkeit und Zartheit der Profile. Sie werden nicht unterschnitten. Das Ornament überwuchert die Fläche nie so sehr, daß hierdurch der Grundcharakter und die freie Übersichtlichkeit der Baumasse und Gliederung geschmälert werden könnte.

Abb. 93. Das italienische Vorbild: Fassade des Palazzo Farnese in Rom (begonnen 1512 von Antonio da Sangallo d. J., doch erst seit 1534 wesentlich gefördert, seit 1547 Michelangelo, ab 1564 Vignola, von Giacomo della Porta beendet). Schöne Proportionen der einzelnen Geschosse. Im Gegensatz zur Gotik mit ihren aufstrebenden Vertikalen übernimmt hier die Horizontale die Vorherrschaft (Dominanz). Dies geschieht jedoch nicht wie in der romanischen Baukunst in der Form schwer gelagerter Baumassen, sondern in den Linien der die Geschosse gliedernden horizontalen Ge-

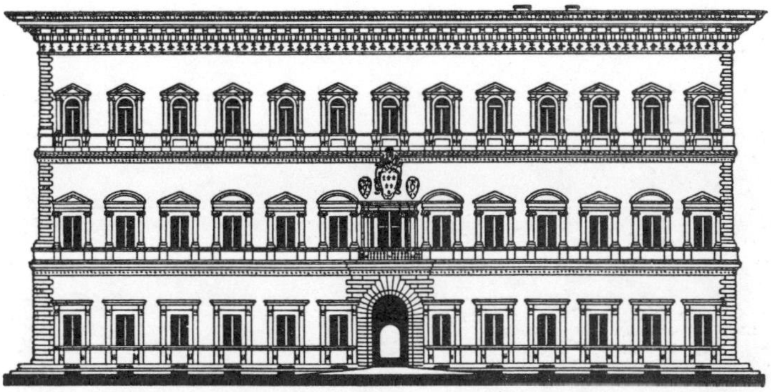

simse. Gegenüber den bestimmenden Linien bilden die Fenster mit ihren Umrahmungen in fein abgestuften Profilen oder geschoßweise gesonderten Säulenarten, welche die Flächen teilen, ein Gegengewicht, das die klare Ordnung der Fläche herstellt, aber den Horizontalen den Vorrang läßt. Hierbei lenken die achsial gerichteten Fenster mit ihren hochstehenden Rechtecken den Blick in die Senkrechte, ihre Reihung dagegen in die Waagrechte. Das Gebäude ist oben durch das mächtige, weit ausladende und reich ornamentierte Dachgesims abgeschlossen. Dahinter verbirgt sich das sehr flach geneigte, für den Blick unsichtbare Dach. Jedes einzelne Fenster ist durch Säulen- oder Pilasterumrahmung mit Giebel zu einer in sich geschlossenen Schmuckform geworden. Jede Säule, jeder Pilaster stützt sich auf einen Sockel oder eine Konsole, meist in Volutenform. Das große Portal ist wie die Gebäudekanten aus schwerem Bossenwerk gefügt, es steht in der Mittelachse des Gebäudes, seinem Schmuck ist das darüberliegende Fenster einbezogen. Zuweilen wird es von einem dem Fenster vorgelegten Balkon gekrönt. Die Portalschmuckgruppe trägt im obigen Beispiel zu Häupten drei Wappen. Die meisten Schmuckformen sind im einzelnen ihrem Wesen nach antiken Bauwerken entnommen, ohne jedoch den gleichen Funktionen zu dienen (s. Abb. 92).

Abb. 94. Südfassade der *Residenz in München* (1600—1616) von Peter de Witte. Sie umschließt sechs Innenhöfe. In Ordnung und Einzelform eng dem Beispiel italienischer Frührenaissance folgend. Rustikabau, große, durchlaufende Horizontale der Geschosse wie der abschließenden Gesimse. „Königsbau" (1826—1835), von Leo v. Klenze, fast unverändert in Form ital. Renaissancepaläste.

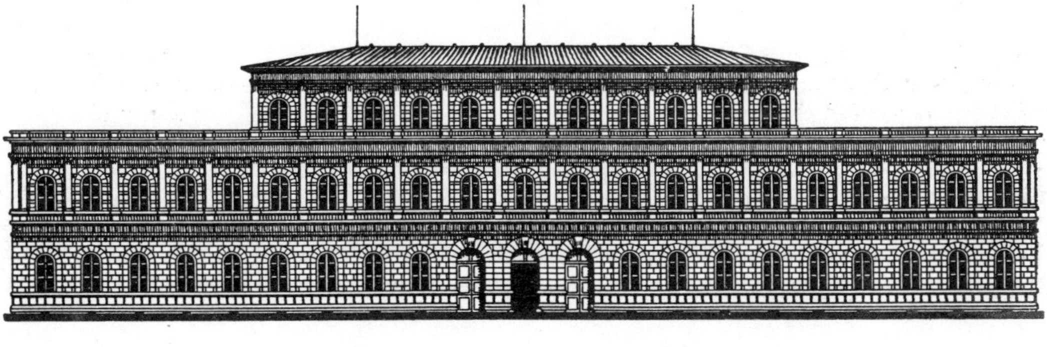

Abb. 95. Blick in den Innenhof der *Stadtresidenz zu Landshut* (1536—1543). Seine Ausgestaltung von den Baumeistern Sigmund Walch und Antonelli zeigt augenfällig den italienischen Einfluß, ohne jedoch in den Proportionen die Vorbilder zu erreichen.

Über den Säulenarkaden sind die Wandflächen durch Pilaster mit korinthischen Kapitälen bis zum Dach hinauf unterteilt; über den Säulen des Erdgeschosses Bossenwerk; charakteristische Bedachungen über den Fenstern wie im Palazzo Farnese, abwechselnd Giebeldreiecke (Abb. 93) und

flache Bögen; Halbgeschoß (Mezzaningeschoß) über dem ersten Stockwerk. Sowohl in der Verwendung von Arkaden im Innenhof als in der gesamten Anordnung ein typisch südländisches Motiv.

Abb. 96. Den Hof des *Alten Stuttgarter Schlosses* (begonnen 1553) von Alberlin Tretsch umziehen in drei übereinanderfolgenden Geschossen Säulenarkaden. Treppentürme schmiegen sich in seine Ecken. Der italienische Gedanke dem Hof zugewendeter Arkaden ist in neuer Form abgewandelt.

Abb. 97. Der Rittersaal oder die „Wartstube" (1576—1580) vor den herzoglichen Wohngemächern im Fürstenbau der *Burg Trausnitz* (1550) bei Landshut in Bayern. Schöne Decken- und Wandvertäfelung mit reicher Bemalung. Schmuck der Türen mit konsolengestützten Giebeln und Büsten; Höhe der Räume entsprechend ihrer Ausdehnung — wie sehr oft in der Renaissance — verhältnismäßig niedrig.

Abb. 98 (rechts oben). Der große Saal im *Schlosse zu Heiligenberg* am Bodensee (beendet 1562) von Jörg Schwarzenberger. Berühmte, für die Renaissance typische mächtige Kassettendecke in farbenprächtiger Bemalung. Große, offene Kamine an den beiden Stirnseiten. Das Muster der Kassettendecke wiederholt sich spiegelbildlich in der schönen Parkettierung des Fußbodens.

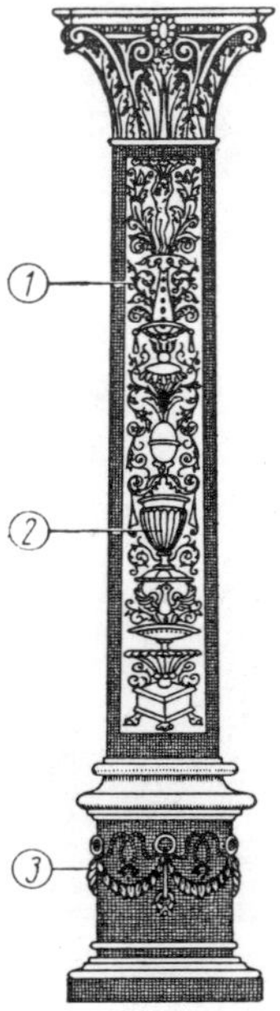

Abb. 99
Renaissancepilaster:
Bauteilerklärung:
(1) Arabesken
(2) Vase
(3) Feston,
das ist Girlanden-
schmuck

Abb. 100. Renaissancekartusche mit Rollwerk. Perlstab und Eierstab in der Umrahmung sind Motive aus der Antike. Einrollung der bandartigen Enden der scheinbar übereinandergeschichteten Rahmungen. Schlitze in den Rollen. Typische Schreinerarbeit in Stein übertragen. Viel zu starke Ausladungen und Profil verwirren. Die einzelnen Formen sind hart und zeigen das Versagen in der ersten Epoche der Übernahme fremder Formen, die ihrem Wesen nach nicht begriffen werden.

Abb. 101. Renaisanceportal am Zeughaus (um 1600) von Peter Cronenborch in Köln am Rhein. Schweres Bossengefüge; wuchtiger, gerader Querbalken mit Deckplatte; festlicher Wappenschmuck als Bekrönung; über den beiden Türpfeilern obeliskenartige Pyramidenpfeiler. (Die deutsche Renaissance übernimmt diese Gebilde aus der Antike, wo sie als Gedenksteine in mächtigen Ausmaßen vorkommen, aber sie bringt sie nur als kleinen, zusätzlichen Schmuck und setzt sie an jene Stellen, an denen in der Gotik Fialen angeordnet wurden.) Trotz noch uneinheitlicher Konzeption im Inhaltlichen doch schon erheblich klarer als die verwirrenden Formen des Schnörkel- und Knorpelwerkes der Schreiner-Renaissance an der Weser (s. auch Abb. 100).

Abb. 102. Gedeckte *Freitreppe* (1618) von Wolfgang Waldberger an der Südwestseite des Rathauses in Nördlingen im Ries. Noch gotische Maßwerkformen. Aus der Antike übernommene kannelierte Säulen, die aus mangelndem Verständnis für ihren ursprünglichen Zweck sinnwidrig lediglich als Schmuckpfosten ohne tragende Funktion und ohne Kapitäle verwendet werden, wobei auch keine Rücksicht auf ihre Proportionierung genommen ist. Dazu verraten die Säulen, halb mit Kanelüren, halb mit eingeschlagenen Nägeln, auch hier Formen, die mit

dem Material des Steines keine innere Verwandtschaft haben. Trotzdem entsteht aus der Mischung von überkommenem Eigenem und mißverstandenem Fremden manchmal etwas Neues von eigenartigem Reiz durch die urwüchsige Naivität, mit welcher der Baumeister unbekümmert arbeitet.

Abb. 103. Treppe aus der Diele (1713) des *Artushofes* zu Danzig. Die Geste ihres großartigen Schwunges entspricht bereits dem Geist des Barock, während der Gestaltungscharakter ihrer Einzelglieder noch der Renaissance zugehört.

Abb. 104. „Alte Hofhaltung" in Bamberg = alte bischöfliche Residenz (1591). Einzelheiten, der italienischen Renaissance entnommen (Säulen, Pilaster und Gesimsgliederung), sind auf die Fläche als Schmuck gelegt und teilen sie in Felder und Rahmen, wobei das zarte Relief die Flächigkeit als solche nicht zerstört. Ausgesprochen malerische Komposition der einzelnen Baukörper ohne strenge Bindung zur Mittelachse. Häufig in der deutschen Renaissance — wie in diesem Beispiel — betonte Asymmetrie in den großen Anordnungen. Erker als Schmuckstück der Fassade auf mächtiger Konsole. Seine Anordnung meist auf der Mittelachse oder auf den äußersten Ecken und dann oft paarweise symmetrisch. Getreppte und mit Voluten und Palmetten geschmückte Ziergiebel, nun nicht mehr, wie in der Weser-Renaissance, das Ganze übertönend, sondern mit guter Zurückhaltung gegeben. Reiche Portalgestaltung, wodurch der Blick auf einzelne wesent-

liche Punkte gelenkt wird, die reich gebildet sind. Damit wird das ganze aus dem bewußten Gegensatz von reich und flächig gestaltet.

Abb. 105. Rathaus zu Paderborn in Westfalen (1612—1616). Noch aus der Gotik übernommene und bereits zum Barock hinweisende Koppelung der Fenster und Laubengang. Für die Renaissance typische Giebelgestaltung, Gesimsbänder und Zierde der mächtigen Giebel mit Voluten und kleinen, obeliskenartigen Schmuckpyramiden auf den Gesimsenden. Bossenwerk an den Gebäudeecken. Erker. Aber nun das Schmuckwerk in der nötigen Zurückhaltung gegeben, sodaß die Klarheit einer schönen Flächenaufteilung den Eindruck bestimmt. Dabei für die deutsche bürgerliche Renaissance-Architektur kennzeichnende malerische Gruppierung der Baukörper.

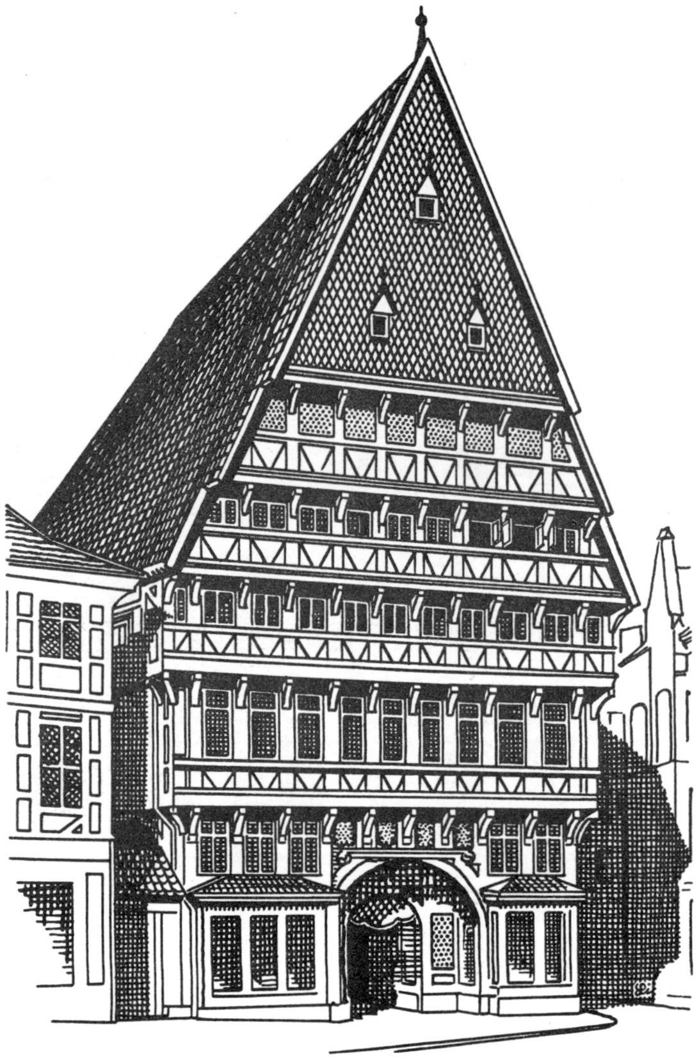

Abb. 106. Zunfthaus: Knochenhaueramtshaus in Hildesheim (1529), einer der schönsten norddeutschen Holzbauten. Die innere Verwandtschaft, welche alles Fachwerkgefüge zur Gotik zeigt, beruht auf dem beiden Stilarten gleichermaßen eigenen konstruktiven Prinzip, die Wand in stützende und getragene Teile aufzulösen. Während aber in der Gotik im Fachwerk die Ständer mit den Streben zusammen wie eine Runenschrift die ganze Fläche — mit Ausnahme der meist unsymmetrisch angeordneten Fenster — überziehen, sucht die Renaissance diese in den einzelnen Geschossen in regelmäßiger Folge aufzureihen und die überkragenden Geschosse durch Zurücktreten der Knaggen (Vorsprünge, Zapfen) zu großen, horizontalen Bändern zusammenzuziehen. Aus den Knaggen werden Konsolen. An Stelle der Streben werden die Fußbänder mit den Pfosten zusammengezogen und mit Rosetten oder Ornament gefüllt, sodaß auch sie jetzt einen flächigen Charakter erhalten, oder es werden unter den Fensterbrüstungen Andreaskreuze eingesetzt. So übernimmt nun auch hier die Horizontale an Stelle der Vertikalen die Vorherrschaft. Da in den

Landschaften Niedersachsens, Westfalens, am Harzrand und in Friesland schon früh auch im einfachen Fachwerkbau das Strebewerk gegenüber den klaren Feldern der Gefache zurücktritt, ja sogar zum Teil verdeckt ist, indem es etwas schwächer im Holz unter dem Putz der Gefache verschwindet, wird hier der Übergang am leichtesten vollzogen.

Abb. 107. *Fachwerkdetail* von einem Bürgerhaus in Goslar (1612). Großer Reichtum der Ornamentik. An die Stelle der Büge gotischer Fachwerkbauten treten Knaggen und Füllungen, die mit kräftigen Schnitzarbeiten in Formen von voll- oder halbrunden Palmetten und Rosetten geschmückt sind. Der ausgekragte Erker bleibt von nun an eines der beliebtesten Motive bürgerlichen Bauens. Besonders witzig ist an diesem Beispiel die Durchbildung der Konsolen. Aber das ganze ist eben doch nicht zu jener großzügigen Klarheit gediehen, die sich am Giebel des Knochenhaueramtshauses in Hildesheim (Abb. 106) so überzeugend darbietet.

Abb. 108. Bürgerlicher Steinbau: Toplerhaus in Nürnberg (1590) mit für die Renaissance typischen Erkern. Sie stützen sich auf wuchtige, vielfach profilierte Konsolen und bilden mit den Giebeln den Hauptschmuck der Fassaden. Solch unklare Formen zeigen jedoch die Tatsache, daß es einer langen Zeit bedarf, ehe das Wesen der Renaissance Italiens mit seiner großen und, trotz allen Schmuckes, bestimmenden Flächengliederung und der ebenmäßigen Schönheit der einzelnen Formen überhaupt nur ahnend begriffen wird.

Abb. 109. Kämmerei zu Neisse in Schlesien (1604). Laube, die in anderen Städten nur vereinzelt vorkommt (Münster, Paderborn), als typisches Merkmal des schlesischen sowie des tiroler Landschaftsraumes. Koppelung der Fenster unitalienisch. Doch der Renaissance entsprechende kräftige horizontale Gesimsgliederung des Giebels. Unterstützung der weit vorkragenden Gesimse durch Volutenkonsolen und Triglyphen. Senkrechte Unterteilung der Felder zwischen den Gesimsen mit sich nach unten verjüngenden und im oberen Teil eingeschnürten Pilastern. Kleine obeliskartige Pyramiden auf den Gesimsenden. Volutenähnlich freischwingende Kurvenfüllungen in den Giebelstufen. Figuren auf den drei Hauptpunkten des Giebels und in Wandnischen; Rustika im Unterbau und den gesimsüberdachten Fensterumrahmungen. Dekorative und ornamentale Wandmalerei an den Obergeschossen. All diese schmückenden Einzelheiten in einem bunten Gemisch,

aber nun doch in ein Verhältnis zueinander gebracht, das neuartig ist. Fast schon in der Tiefe der Schattengebung und der Konzentration auf einen idealen Schwerpunkt barock wirkend.

Abb. 110. Straßenfront des *Fürstenhofes zu Wismar* (ca. 1553—1555) unter maßgeblichem Einfluß von Erhard Altdorfer erbaut. Ziegelmauerwerk mit Terrakottaschmuck. Noch gotischer Einfluß in Koppelung der Fenster und deren unregelmäßiger Verteilung über die Breite der Fassade. Italienischer Einfluß in Geschoßgliederung, trennenden Gesimsbändern sowie Fensterumrahmung und Portalgestaltung. Deutsche derbe Schmuckfreudigkeit in den geringplastischen Fenster- und Portalumkleidungen. Hermenartige Karyatiden und Atlanten, dabei ganz mißverstandene Anwendung der Formen, wie etwa in den merkwürdigen Ansätzen der Bedachungen über den Fenstern.

Abb. 111. Mittelabschnitt der Fassade des zweiten Stockwerkes vom Ott-Heinrichsbau (1556 bis 1563) im *Heidelberger Schloß* (1544—1607, s. Abb. 112). Bauteilerklärung: (1) Halbsäule mit Kannelierung; (2) Renaissancegestaltung der Basis und unteren Endungen der Kannelüren; (3) ionisches Kapitäl in einer der Renaissance gemäßen Abwandlung; (4) hermenartiger Atlant; (5) hermenartige Karyatide; (6) Schmuck des Fenstergiebels mit Fabelwesen und Akanthusornamentik; (7) Schmuck des Fenstergiebels mit Rollwerk; (8) Ziernische zur Aufnahme einer Statue; (9) Palmette; (10) volutenförmige Konsole mit Akanthusschmuck und Rollmotiv. — Die Wandflächen des Bauwerkes verschwinden hinter der überreichen Fülle dieser Zierformen.

Abb. 112. Teil der Fassade des Ott-Heinrichsbaues (1556—1563) von Anthoni (?) im *Heidelberger Schloß* (1544—1607), 1689 und 1693 zerstört und seitdem Ruine. Jede Wandöffnung wird An-

laß zu überreichem Schmuck. Dazwischenliegende Wandflächen werden in der Höhe durch reiche Gesimsbänder, in der Breite abwechselnd durch Pilaster bzw. Säulen und figurenbestellte Nischen aufgegliedert. Unteres Geschoß mit aus Bossen gemauerten ionischen Pilastern. Mittleres Geschoß mit Arabesken gezierten korinthischen Pilastern. Oberes Geschoß mit korinthischen Halbsäulen. Über den Nischen werden die Gesimse von mit Akanthus geschmückten Volutenkonsolen gestützt. In den Rundungen über den Nischen Palmetten. Portalschmuck reicht bis ins erste Stockwerk. Jedes Fenster ist ein in sich geschlossenes Zierstück mit Halbsäulen oder Pilastern an den Seiten, hermenartigen Karyatiden oder Atlanten an den Mittelpfeilern und kräftigen, reichen Überdachungen. Eine Freitreppe führt zum hochgelegenen Erdgeschoß. Antikes Triglyphenmotiv am Stirngesims des Erdgeschosses, darunter Hängeplatten mit Tropfen. Organisch nach oben gestufte Geschoß- und sich verringernde Fensterhöhen (Abb. 111).

Abb. 113. Rathaus zu Augsburg (1615—1620) von Elias Holl. Im Gegensatz zu dem Rathaus in Paderborn (vgl. Abb. 105) betonte Anlehnung an den Stil der italienischen Renaissance in allen Einzelformen und der klaren übersichtlichen Ordnung der gesamten Oberfläche. Fast klassizistisch streng in der Gesamthaltung.

Abb. 114 (rechts oben). *Schloß zu Aschaffenburg* (1605—1614) von Georg Riedinger. Es steht auf den Ruinen des alten Schlosses aus dem 15. Jahrhundert, das 1552 niederbrannte. Das steile Walmdach etwas links von der Bildmitte gehört einem Turm des ursprünglichen Bauwerkes, der erhalten blieb und in die Hoffassade des neuen Schlosses einkomponiert ist. Ruhige Gliederung der Geschosse. Betonung der Stockwerkhöhen durch Gesimse, die um den ganzen Baukörper herumgeführt sind. Ebenmäßige Verteilung der Fenster. Giebel vor den quergestellten (quer = überzwerch) Dachaufbauten, den sogenannten Zwerchhäusern. Kuppelartige Turmbedachungen. Klare Verteilung der Achsen (s. Abb. 115). Die Türme in den Ecken fassen die großen horizon-

Abb. 120. Zeughaus (1602—1607) zu Augsburg, erbaut von Elias Holl. In der Gestaltung der Fassade klingen in der schmalen, hohen Front mit ihren vielen Senkrechten Elemente an, die über die Renaissance hinausweisen, doch sind die einzelnen Bauformen und die Art ihrer Anwendung von der Renaissance bestimmt. Was das Bauwerk aber über diese Zeitstufen in die Epoche des Barock schon hinüberführt, ist die Kraft der Plastik, die Wucht der Gesimse und Giebelvoluten, die Spannung der ovalen Fensterformen und die die Fläche sprengende Auflösung von Horizontalen und Ziergiebeln in ein der klassischen Ruhe der Renaissance widersprechendes Vor und Zurück. Hinzu kommt die Dynamik der gewaltigen St. Michaelgruppe (1607) von Hans Reichle über dem Portal.

Abb. 121. Grabkapelle (1721—1736) der Fürstbischöfe von Schönborn von Johann Balthasar Neumann am nördlichen Querschiffarm des Domes (begonnen 1034) zu Würzburg. Kraftvolle Ballung in den Verhältnissen der Kuppel wie des Gesamtbauwerkes. Dabei von großer Feingliedrigkeit. Portalgestaltung greift über den ganzen Mittelteil der Fassade. Abrundung der Ecken des Hauptbaues mit feiner Spannung und Führung der Linien. Pilaster und Säulenstellung zweimal vorspringend und zurückhaltend im Profil. Figuren- und Vasenschmuck. Reiche, ausdrucksvolle Gesimsgliederung. Ovale Fensterformen in der Attika. Das Bauwerk zeigt die starken Einflüsse, die Neumann in Wien empfing, obwohl es erst nach seiner späteren Pariser Studienreise entsteht.

Abb. 122. Zwei hintereinander liegende *Durchfahrten* zu den Innenhöfen des Schlosses Ludwigsburg (1704—1733) in Württemberg. Architekten M. Ph. J. Jenisch, Johann Friedrich Nette und Donato Giuseppe Frisoni. Die vordere unter der „Familiengalerie". Die weiträumige Ausdehnung der barocken Schloßanlagen lassen die bereits in der Renaissance auftretenden Innenhöfe häufig zu einer ganzen Gruppe oder Folge von Höfen werden. Hierdurch erforderliche Durchfahrten erfahren die gleichartige Ausschmückung wie jene der Portale. Wölbungen mit flachen Korbbogen. Pilasterhinterstellte Halbsäulen. Vasen. Üppiger Wappenschmuck. Portalgestaltung beansprucht gesamte Fassadenhöhe in kräftig plastischer Form.

Abb. 123. Portikus oder Unterfahrt an der Südseite des Alten Corps de Logis oder Fürstenbaues (ca. 1707—1714) von Joh. Friedr. Nette im Schloß Ludwigsburg (1704—1733) in Württemberg. Weitvorspringender Portalvorbau mit repräsentativem Balkon, flachbogig überwölbte Unterfahrt. Typische Barockformen der Baluster und der Schmiedearbeiten. Ziervasen, Flächendekoration zwischen den Pfeilern, Quaderwerk mit hervortretenden Gesimsen und Fensterüberdachungen; ovales Fenster = „Ochsenauge"; Ausbuchtung der reichen Fensterumrahmungen = „Ohren".

Abb. 124. Fassade der Kirche des Benediktiner-Klosters Zwiefalten in Oberschwaben (1738—1762) von Johann Michael Fischer. Vor- und Zurückwogen der Fassade. Gleiten, Fließen und Überschlagen der Giebellinien. Portal rechts und links gefaßt durch paarweise gekuppelte Säulen. Hinter diesen und seitlich abschließend Pilaster. Dadurch wird der mittlere Teil zum bestimmenden Akzent der ganzen Fassade. Gekröpfter Giebel über dem Hauptportal. Bekrönung der entscheidenden, in der architektonischen Gliederung bedeutsamen Punkte durch Plastiken.

Abb. 125. (links) *Rathaus* zu Schwäbisch Hall (1730—1735) von E. F. Heim(bsch) und J. G. Arnold. Schmuck von Dekorateuren des Schlosses Ludwigsburg. Große Verwandtschaft mit der Architektur adeliger Palaisbauten. Die Plastik des Gesamtkörpers ist zurückhaltend geworden. Der Schmuck feingliedriger, rieselnder, anmutiger. Das Mittelrisalit wölbt sich in feiner Spannung vor. Das sind Merkmale des beginnenden Rokoko, das im Gegensatz zum Barock mit dessen imposanter Wucht und irdischer Schwere nun alles zu einem Spiel des Geistes werden läßt.

Abb. 126. Lustschloß Solitude bei Stuttgart (begonnen 1763), erbaut von Johann Friedrich Weyhing, Ausstattung vorwiegend von P. L. Ph. de la Guêpière. Einstöckig auf hohem Unterbau mit weitgeschwungener Freitreppenanlage, die auf die ebenso weiträumige balustradenumzogene Terrasse führt (Abb. 131). Charakteristisch für die Schloßarchitektur des Rokoko sind die wesentlich kleineren, auf das Intimere hinzielenden Ausmaße. Der Mittelteil des Baukörpers ist feinelliptisch vorgewölbt, mit einer Kuppel gedeckt. Zarte, nicht mehr spielerisch wirkende Dekoration, die in ihrer Zurückhaltung schon fast klassizistisch heitere, anmutig vornehme Ruhe ausstrahlt.

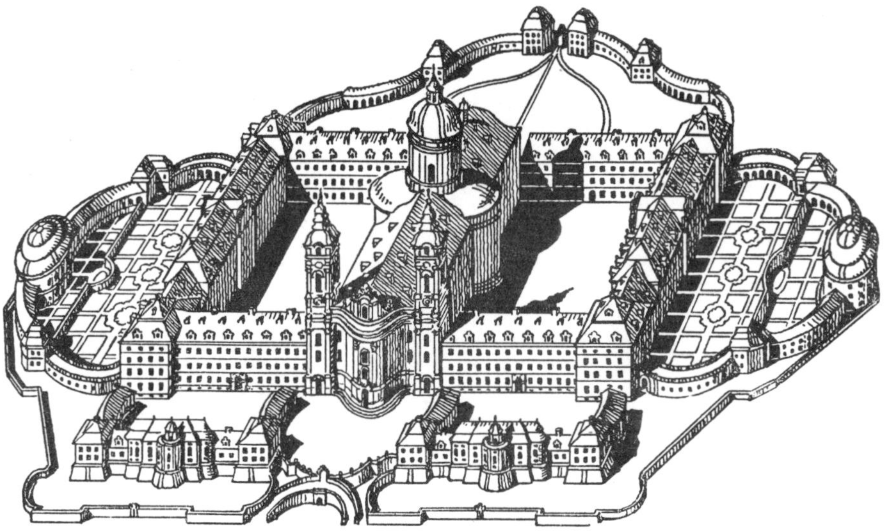

Abb. 127. Diese Abbildung nach einer als Luftbild überlieferten Bauzeichnung (1723) des Benediktinerklosters Weingarten (1715—1722) vermittelt einen Begriff von dem Übermaß an Kraft sowie der Fülle an großzügigen Gedanken und dem an städtebaulicher Gestaltung geschultem Können, die bei der Planung der großen Barockanlage obwalten. Maße der im Mittelpunkt gelegenen Kirche von Franz Beer, Johann Jakob Herkomer und Donato Giuseppe Frisoni (Fassade, Türme, Kuppel): Länge ca. 101,75 m, Langhausbreite ca. 29,3 m, Querschiffbreite ca. 44,1 m, innere Schiffhöhe ca. 28 m, Höhe der Kuppel mit Laterne ca. 66,75 m. Plan der Gesamtanlage von Caspar Moosbrugger. Die endliche Ausführung der Anlage entspricht nicht in allen Teilen diesem frühen Plan, außerdem ist sie als Gesamt nicht vollständig.
Das Langhaus der Kirche springt zwischen den beiden Türmen aus der Front des langgestreckten Gebäudekomplexes in mächtiger Wölbung nach vorne, darin verwandt der Kollegienkirche Fischer v. Erlachs zu Salzburg (1697—1707). Die strengen Senkrechten der Doppelpilaster am Portal (vgl. Abb. 124) und an den Turmecken heben den eigentlichen Kirchenbau aus dem Gesamt architektonisch heraus und bilden einen Gegenpart zu den flankierenden, durch die Fensterreihen horizontal gegliederten Baumassen, welche die Höfe umschließen. Das Hauptgesims ist in gleicher Höhe um die Einheit der Baukörper der Kirche herumgeführt. Über der organischen Mitte, der Durchdringung von Langhaus und Querhaus, erhebt sich die Kuppel mit Tambour und Laterne. Dabei tritt dies Querhaus, das fast nurmehr eine Ausweitung bedeutet, in flachen Segmentkörpern aus den Seitenwänden des Langhauses vor. Strenge Symmetrie der ganzen Anlage; lebhafte Bewegung der abschließenden Gebäudemassen.

Abb. 128. Ehrenhof des Schlosses auf der Insel Mainau im Bodensee (1739—1746). Der beherrschende Hauptbau mit dem Mittelrisalit birgt im Parterre den großen Gartensaal mit dem dreiteiligen Hauptportal und darüber den großen Festsaal. Im Giebel trägt er das mächtige Wappen. Der Hof wird rückwärtig vom Hauptbau, an jeder Seite von einem Seitenflügel des Schlosses umgeben, während er sich zur Einfahrt durch den Park hin frei öffnet.

Abb 129. Barockgarten des Schlosses Nymphenburg (1663—1728) bei München mit dem typischen „brodierten" (zu Ornamenten geformte Beete) „Parterre". Streng geformte Beete werden von Wegen, die mit Skulpturen und kubisch beschnittenen Bäumen umstellt sind, und Wasserbecken mit „Wasserkünsten" durchzogen. Gartenanlagen in diesem Zustand seit 1716 in französischem Geschmack der damaligen Zeit von Girard und Effner.

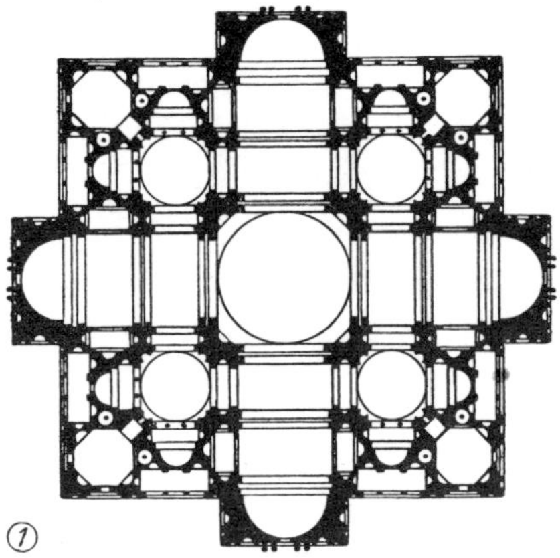
①

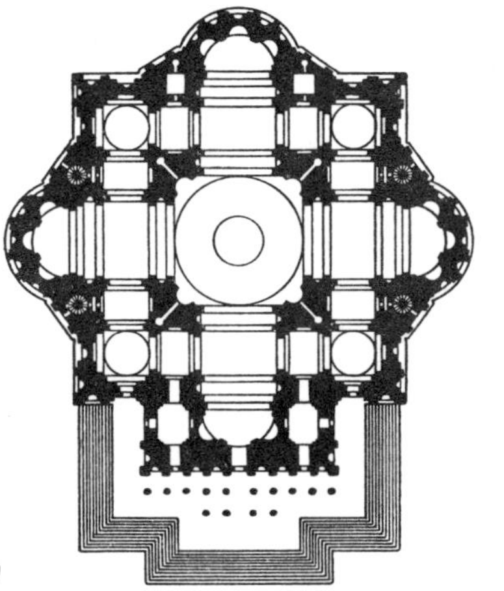
②

Abb. 130. Grundrißentwürfe von (1) Bramante und (2) Michelangelo für die Peterskirche in Rom. Wegen der mächtigen Ausmaße des Bauwerkes mußte der Maßstab der Wiedergabe auf ein Drittel des sonst in diesem Buche verwendeten Verhältnisses verkleinert werden. Die natürlichen Maße sind: Länge 211,5 m; Breite 112,6 m; in der Kuppel gemessene Scheitelhöhe 119 m; äußere Höhe mit Laterne 132,5 m; Durchmesser der Kuppel 42 m; überbaute Fläche 15160 qm (dagegen die des Kölner Domes nur 6160 qm). Die Erbauer waren u. a.: Bramante (1506—1514), Raffael (1515—1520) mit Giuliano da San Gallo und Fra Giocondo, Antonio da San Gallo d. J. (1520—1546), Peruzzi (1520—1536), Michelangelo (1547—1564), Maderna (1603—1629) und Bernini (1629—1669).

Der Vergleich beider Grundrisse ermöglicht, schon in der Figur den entscheidenden Unterschied der Konzeption der Renaissance und des Barock zu erfassen. In der Hochrenaissance (bei Bramante) eine Zuordnung der Räume, bei der jeder für sich seine Eigenbedeutung hat. Das Ganze eine Fülle von Einzelräumen, die in ihrer Folge Durchblicke und Wechsel zwischen Groß und Klein, Hoch und Niedrig zeigen. Im Barock (Michelangelo) werden diese Räume zum Erlebnis eines überragenden Gesamtraumes vereint. Dieser überragende ist der Zentralraum mit Kuppel. Die Bögen, welche nun die Arme gegenüber dem Kuppelraum öffnen, sind im Aufbau so überhöht, daß der Blick des Eintretenden unmittelbar in die Kuppel gezogen wird. Die Nebenräume sind dem Ganzen untergeordnet und werden für sich, losgelöst vom Ganzen, bedeutungslos.

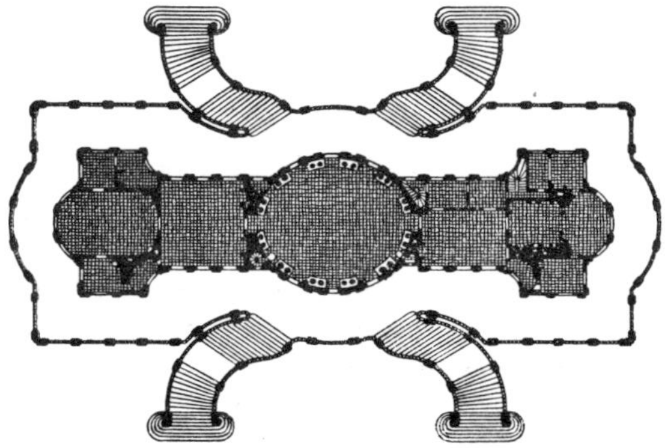

Abb. 131. Grundriß des Lustschlosses Solitude in Württemberg (begonnen 1763) von Johann Friedrich Weyhing (Abb. 126). Symmetrische Anlage. Kern ist der gerundete, hier ovale (der reife Barock liebt keine kreisförmigen Rundungen) Festsaal. Geschweifte Fassaden. Die Terrasse schwingt parallel zu den Formen des Baukörpers. Geschweifte Freitreppen. In der Feinheit der Gliederung schon der letzten Stufe des Barock, dem Rokoko, zugehörend.

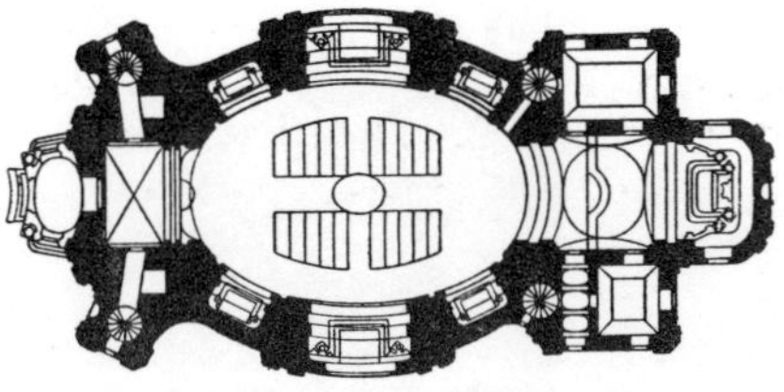

Abb. 132. Grundriß der Kirche St. Peter in Wien (1702—1713) von Johann Bernhard Fischer v. Erlach. Das Langhaus ist zu einem Kuppelraum auf elliptischem Grundriß geworden. Seine Seitenaltäre stehen in Nischen zwischen gewaltigen Wandpfeilern. Das Querschiff tritt nach außen kaum mehr in Erscheinung. Beide Türme scheinen mit dem Hauptbaukörper verwachsen, obwohl sie aus ihm betont hervortreten, und sind niedriger als die beherrschende Kuppel des Hauptraumes. Eingang und Chor sind ebenfalls elliptisch, jedoch ist hier noch eine klare Reihung in Richtung der Achse vorhanden.

Abb. 133. Grundriß der Wallfahrtskirche Vierzehnheiligen (1743—1772) nördlich von Bamberg von Johann Balthasar Neumann. Trotz der großen ruhigen Grundform des Äußeren schwingen im Inneren die Räume in vielfachem Durchdringen, Verschleifen und Überschneiden elliptischer und kreisförmiger Kuppelräume ineinander. Aus der bloßen Reihung (Abb. 132) ist ein innig verwobenes Ganzes geworden (Abb. 153, s. Text Seite 127).

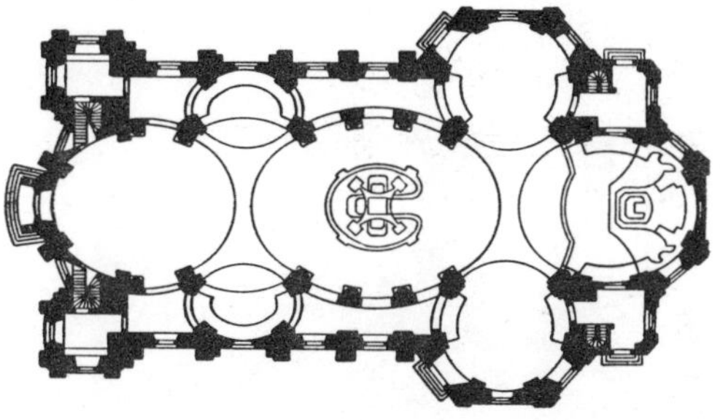

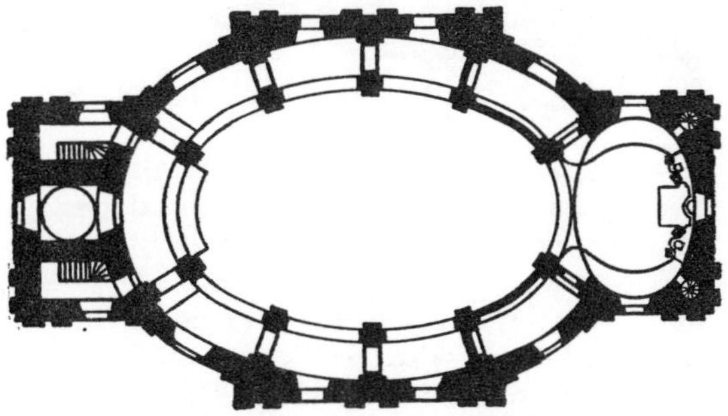

Abb. 134. Grundriß der Wallfahrtskirche Steinhausen (1727—1733) in Württemberg von Dominikus Zimmermann. Maße der Achsen des ovalen Hauptraumes ca. 29 m und ca. 21 m. Die den mittleren Achsen zugehörigen Rundungen der Innenwände sitzen in je einer geraden Außenfläche, d. h. gleichsam in je einem Risalit. Damit verbirgt der Außenbau die elliptische Raumform fast ganz. Nur vier kurze Stellen lassen seine Biegung ahnen. In ihm schwingen konzentrisch zwei ineinandergestellte ovale Räume: der eine gleich einer äußeren Schale, darin der andere, von den Pfeilern frei umstellt und mit einer Kuppel überwölbt.

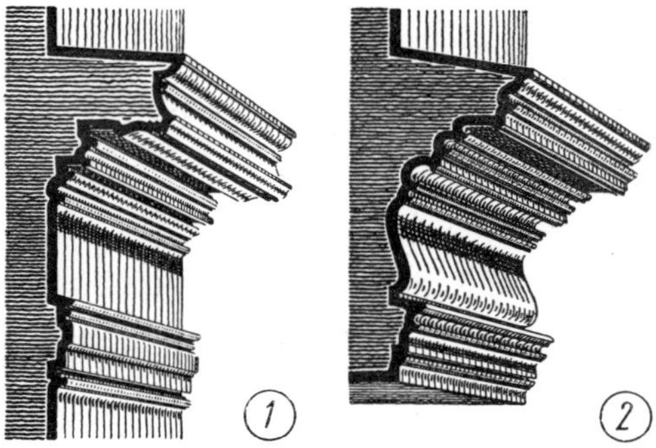

Abb. 135. Barockprofile von Jacob Prandauer (1658–1726), die in ihrer lebhaften, phantasiereichen Bewegung auch im Detail die Gesinnung des Barock offenbaren. (1) Gesims, darunter Schmuckfries, an einer Wand; (2) Gesims am Fuß eines Architravs.

Abb. 136. Allegorische Figuren und Embleme als Giebelschmuck über dem Hauptportal des Mittelbaues vom Gerichtsgebäude zu Mainz. Gekröpftes und geschwungenes Kämpfergesims. Gekröpftes, geschwungenes und kräuselndes Abakusgesims. Die Figuren werden zu Allegorien durch die Embleme, die sie tragen. Phantastische Auflösung der Gesamtform des Wappens und der Pilasterkapitäle. Fensterumrahmungen mit „Ohren". Ovale Fensterformen = „Ochsenaugen".

Abb. 137. Barock-Portal der Augustiner-Klosterkirche (Neubau 1768–1772, seit 1805 Priester-Seminarkirche) zu Mainz. Der Portalschmuck (1753, Skulpturen von Nik. Binterim, Figuren von Barnabas Sebastian Pfaff) überzieht die umgebenden Wandflächen, das darüber liegende Fenster und höhere Fassadenteile. Hinter seinem Formenreichtum weicht die Wand raumgebend zurück. Das kräftige Gesims schwingt, sich über ihn wölbend, empor. Fassadenhohe Pilaster ziehen das Ganze zu großer Einheit zusammen. Die Neigung der Kurven des Kämpfergesimses in der Korbbogennische läßt die Nische tiefer erscheinen, als sie tatsächlich ist. Derartige Mittel, größere Weiträumigkeit für das Auge zu erzielen, werden im Barock häufig verwendet. Der Schmuck des Barock ist, wie der Charakter des ganzen Stils, fülliger und greift in den Raum hinaus. Im Gegensatz hierzu der flachere der Renaissance. Dazu vermeidet er außer der Senkrechten jede ununterbrochene Durchführung von Geraden. Die Form schwillt und schwingt in graziöser Bewegung, welche vielfach der ostasiatischen Gestaltung ähnelt, oft sogar, wie in Pöppelmanns Dresdner Wallpavillon (Abb. 149), unmittelbar daran anknüpft.

Abb. 138. Barock-Kapitäl mit mächtiger Ausbildung des Kämpfers aus der Kirche des Benediktiner-Klosters Weingarten bei Ravensburg in Württemberg (1715–1722). Stuckarbeiten von Franz Schmuzer. Die Aufgabe des Bauteils, eine Verbreiterung der Aufnahmefläche für die Last zu bilden, tritt im Barock hinter jener eines zusätzlichen Schmuckes zurück. Zudem werden häufig seine gesamten Profilierungen und Ausmaße nicht auf die architektonisch-struktiven Stellen beschränkt. Sie werden als Kämpfergesimse in gleicher Raumhöhe unterhalb des Ansatzes der Gewölbe um das ganze Innere des Gebäudes in ununterbrochenem Zuge herumgeführt. An besonders wichtigen Stellen, z. B. den Ansatzpunkten der Gurtbögen, vor allem jener der Vierung u.a.m., dient das Kämpfergesims zur Aufnahme allegorischer Figuren und Draperien (z. B. Weingarten).

Abb. 139. Volutenförmiger Ansatz des elliptischen Gewölbes über dem Kämpfer einer Säule des Umgangs. Wallfahrtskirche in der Wies (1745–1754) bei Steingaden in Oberbayern von Dominikus Zimmermann. Stuckarbeiten von Johann Baptiste Zimmermann. Bildhauer: Anton Sturm (?) und Aegidius Verhelst (Abb. 154).

Abb. 140. Portal mit Balkon am Grafenbau des Schlosses Ludwigsburg (1704—1733) in Württemberg von den Architekten Jenisch, Nette und Frisoni. Grundform, aus der auch die Anlage des Portikus (vgl. Abb. 123) entwickelt ist. Zu beiden Seiten der Türe wuchtige gekoppelte Säulenpaare mit jeweils gemeinsamen Sockeln und Kämpfern, durch welche diese Paare je zu einer Einheit verbunden werden. Kräftige Profilierung des rundbogigen Türabschlusses. Weitausladender, gleichzeitig als Balkonkonsole dienender, tiefprofilierter Schlußstein über dem Portal. Vor und zurück schwingende Form des Balkons. Bewegt kurvenreiche, verschlungene Band-Ornamentik der Schmiedearbeit in Lunette und Balkongitter. Bereicherung der Umrißlinie durch plastische Verdoppelung der Vorlagen zu Seiten des Balkons und hinter den Säulenpaaren. Die starke Symmetrie der Anordnung und Gedrungenheit typisch barock, obwohl die Auflockerung der Balkonbrüstung durch Gitter schon eine Vorahnung des Kommenden zeigt.

Abb. 141. Türe mit geschnitzten Füllungen und vergitterter Lunette an der Nordseite des Neuen Corps de Logis von Nette und Frisoni des Schlosses Ludwigsburg (1704–1733) in Württemberg. Zurückhaltender in der Plastik der Umrahmung, aber mit Korbbogen überwölbt. Kapriziöse, zierliche und phantasievolle Schmiedearbeit an der Lunette. Kräuselnder, tändelnder Schnitzschmuck auf den Füllungen: oben Helme und Waffen, in verspielter Weise von flatternden Bändern und locker gestreuten Blumen und Blättern umgeben. In der Mitte ornamental, in Kurven verlaufendes und sich verschlingendes Bandelwerk mit pflanzlichen Teilen verwoben. Darunter Pflanzen- und Muschelornamentik, die mit der strengen alten Palmettenform noch verwandte Züge aufweist. Alle Teile sind nur in ihrer Gesamtwirkung, nicht aber in ihren Einzelheiten symmetrisch. Das unterste Füllungspaar im Gegensatz mit strenger Stilisierung des im Rokoko häufigen Bandflechtwerkes. Empfindsam abgewogene Proportionierung des Gesamtaufbaues.

Abb. 142. Türe zum Bibliotheksaal des Klosters Schussenried (1752) von Dominikus Zimmermann. Die Maße des Bibliotheksaales betragen 27/13,65 m nach Hege-Barthel. Die Senkrechte ist als die jeder Raumanordnung Halt gebende Gerade in Säulen und Pilastern beibehalten, jede Waagrechte aber durch stark bewegte Kurven ersetzt. Die wenigen verbleibenden Horizontalen sind in stetes Vor- und Zurückgleiten aufgelöst. Hier werden seitliche Säulen zum Glied des rahmenden Gewändes durch das ihnen eigene ein- und ausbuchtende Profil. Die Umrißlinien sind zerfasert und verzahnen sich mit ihrer Ornamentik in der umgebenden Wandfläche. Bekrönender Schmuck über der Türe, der bis in die Decke des Raumes hinanreicht = Sopraporte. Rocaillen streng stilisiert bis auf jene der Sopraporte. Großer Reichtum der Kleinformen in delikater Ordnung.

Die Bibliothek, früher Magazin oder stille Arbeitsklause, wird in Barock und Rokoko zum festlich gestalteten Raume. Sie wird notwendiger Bestand in einem Leben, das zum Ausgleich der äußeren Etikette nach innen drängt. Gebildet, geistreich zu sein, witzig zu plaudern, die neuesten Erscheinungen der nun beginnenden Literatur zu kennen, ist für das Leben bei Hof oder im Salon ebenso unerläßlich, wie im Freundeskreis Gedanken, Gefühle auszutauschen und über tiefste Fragen der Menschheit und Philosophie zu sprechen. Das Buch wird zum Begleiter des Menschen. Wertvoll gebunden, gesammelt, im kleinen wie im großen Raum sichtbar aufgestellt, wird es selbst zu dessen Gestaltungsmittel, der, wieder prächtig oder überreich gebildet, dem kostbaren Inhalt edles Gefäß wird. Die Bibliotheken der Schlösser wetteifern mit jenen der Klöster, die darin auf alte Kultur zurückblikken, können aber deren Vorsprung nicht aufholen.

Abb. 143. Türe mit Sopraporte zum Saal im Spielpavillon (Anfang des 18. Jahrh.) des Schlosses Ludwigsburg (1704–1733) von Jenisch, Nette und Frisoni. Zierstücke der Türumrahmung = Stuck. Schmuck über der Türe mit Medaillon = Sopraporte. Überreiche Kleinformen. Die Spiegelreflektoren der Kerzenhalter zu beiden Seiten der Türe in Stuck eingelassen. Türschmuck bis zum Kämpfergesims heraufgezogen, darauf Putten mit Vasen. Hinter diesen Figuren beginnt schon das riesige Deckengemälde des Gewölbespiegels, der auf dem Kämpfergesims aufsetzt. Wegen der Gewölberundung neigen sich die Figuren und Vasen schon in den Raum hinab. Kaum mehr Rocaillen, nur noch rieselndes Blüten- und Laubwerk.

Abb. 144. Prunktor von Georg und Anton Oegg (1746 und 1769) am Park der Residenz zu Würzburg (1720—1744). Die Parktore in Würzburg von den beiden Oegg gehören zum Erlesensten, was je an Eisen-Kunstschmiedearbeiten geleistet wurde. Häufig sind die Eisenteile barocker Schmiedetore so geordnet, daß sie mit ihren Linien ein perspektivisches Bild ergeben, d. h. sie erzielen wie eine Zeichnung eine räumliche Wirkung, ohne selbst ihre Flächigkeit aufzugeben. Als feines Gitterwerk lassen sie für den Blick den dahinterliegenden Garten- oder Straßenraum in einer ungeheuren Tiefe erscheinen.

Abb. 145. Barock-Haupttreppe im Westen des Neuen Corps de Logis des Schlosses Ludwigsburg (1704–1733) in Württemberg von Nette und Frisoni. Die Treppe, die in den Renaissancebauten noch in besonderen angefügten Türmen untergebracht wurde, wird nun im lichten Raume, frei um eine Öffnung schwingend, selbst zum Gestaltungsmittel. In ihrem Steigen kommt sie dem Streben nach diagonaler Raumkomposition und Verspannung entgegen und wird an entscheidender Stelle im Grundriß zum willkommenen Mittel der Prachtentfaltung. Weiträumig durchzieht sie ihr eigenes Treppenhaus, von Balustraden und Figuren geschmückt (vgl. Abb. 146 und 151).

Abb. 146. Treppe des späten Barock aus dem Schloß Mirabell (1721—1727) in Salzburg, das von Lucas v. Hildebrandt erbaut worden ist. Das phantasiereiche Geländer mit den Putten ist ein Werk des Bildhauers Georg Raphael Donner aus dem Jahre 1726. Es zeigt im Vergleich zu der Treppe im Neuen Corps de Logis des Schlosses Ludwigsburg (Abb. 145) den Vorgang auflösender Zergliederung, der als typisches Kennzeichen in der Entwicklung vom Barock zum Rokoko zu beobachten ist. Die strenge rhythmische Balustrade ist einem sich überschlagenden, schäumenden Formengekräusel gewichen, auf dem die Putten in lebhafter Bewegung ihr Spiel treiben.

Abb. 147. Schlesische Barockkirche des Zisterzienserklosters Mariengnade (1728–1735) von einem Schüler Dientzenhofers zu Grüssau in Schlesien. Alle Teile der Fassade sind trotz der Pilasterordnung bis in die Spitzen der Türme in Bewegung. Das ununterbrochene Vor und Zurück und das Auf- und Abwogen der schweren Gesimse wird durch die gewaltigen Voluten der Turmhelme gesteigert, die sich zur Spitze hin überschlagen und deren Geste sich in der Profilierung in immer kleineren Aufsätzen verliert. Reiche Besetzung mit Figuren und ornamentalem Bildwerk. Höchste Steigerung zum Rokoko (vgl. hierzu die Barockkirche Abb. 124).

Abb. 148. Evangelischer Zentral-Kirchenbau in neuen Formen: Frauenkirche in Dresden (1726—1740) von Georg Bähr. Laterne 1743 nach Bährs Tod durch Fehre aus Holz mit Kupfer gedeckt auf den steinernen Kuppelbau gesetzt. Die Türme an den vier Ecken spielen nur noch die Rolle untergeordneter Schmuckformen neben der großen Kuppel. Diese ist hohes Ellipsoid. Alle Dächer, außer den Giebeln über den Portalen, schwingen gemauert in weichen Kurven. Dadurch auch

Abb. 149. Wallpavillon des *Dresdener Zwingers* (1711—1722) von Mathias Daniel Pöppelmann. Zweck des Zwingers war großartige Tribüne und Dekoration des von seinen Baugliedern umschlossenen quadratischen Festplatzes mit einer Seitenlänge von ca. 106 m. Plastiken zum Teil von Balthasar Permoser. Starker Einfluß ostasiatischer Formen. Überreicher, jedoch nicht erdrückender Dekor romantisch eigenwilligen Zierates in gesunder Kraft auf ruhigen, großartigen, übersichtlichen Bauformen. Im Gesamten Ausdruck genialer Eleganz.

organisch gewachsene Einbindung der Kuppel in das Ganze. Ihr Ansatz nur durch ein kräftiges Ringgesims gekennzeichnet. Alles zusammenfassendes Gesims über dem hohen Unterbau, das nur über den Portalen sich emporwölbt, dabei über den Pilastern gleichbleibend horizontal als Kämpfergesims durchläuft. Gedoppelte Pilaster neben Fenstern über den Portalen, paarweise nur durch Sockel und Kämpfer zu Einheiten verbunden. Etwas von den Turmecken abgerückte Pilaster ergeben mit diesen eine mehrfache Wiederholung der Kantenlinien. Vasen über den Portalen. Fast spielerische Kleinformen bei den Turmbedachungen. Die starke, einen gewaltigen Maßstab fordernde Betonung der Senkrechten im unteren Bauabschnitt wird durch die tiefe Schattenwirkung des Dachgesimses in bewegter Form abgefangen und in der Dachzone in knappen schönen Kurven zur Kuppel geleitet, in deren kräftiger und doch eleganter Wölbung sie, durch aufgelegte lisenenartige Bänder vermindert, nochmals emporsteigt, um in der luftigen Laterne auszuklingen.

Abb. 150. Rokoko-Wallfahrtskirche Steinhausen (1727—1733), Frühwerk von Dominikus Zimmermann. Der eingeschlossene elliptische Raum (Abb. 134) ist am Äußeren kaum wahrzunehmen, weil die geraden, schlichten Wandflächen zum größten Teil die gebogene Form verkleiden. Der durch die Fassaden vorgetäuschte Eindruck von Lang- und Querschiff, in deren Kreuzungsecken sich flache Nischen schmiegen, wird im Innern zum Erstaunen des Beschauers durch die neue Raumgestalt aufgehoben. Im Äußeren: schlichte Wandflächen, nur durch gedoppelte Pilaster gegliedert. Einziger Schmuck sind frei ornamental geformte Fenster ohne sonderliche Zierumrahmung. Sie wirken allein durch ihre außergewöhnlichen, fremdartig-reizvoll gebildeten Lichtöffnungen. Giebelschrägen über kraftvollem Gesims elegant geschwungen. Turm in Form eines großen Dachreiters hinter dem Stirngiebel. Er erhebt sich über einfachem Vierkantuntersatz in zwei Stockwerken mit Hohlkanten an den Ecken. Das ruhige untere Turmgesims bildet einen interessanten Gegensatz zu dem bewegten zwischen den beiden Geschossen sowie jenem der mehrfach eingeschnürten, graziösen Turmhaube. In deren Kanten klingen die Hohlkehlen der oberen Turmgeschosse noch nach.

Abb. 151. Rokoko-Treppenhaus (1743—1748) von Johann Balthasar Neumann im Schloß Brühl (1725—1770) südwestlich Köln am Rhein von Johann Conrad Schlaun und später Michel Leveillé, danach Heinrich Rotham. Neumann griff in die Arbeit der anderen Architekten ein und schuf mit wenigen, aber ausschlaggebenden Änderungen eines der schönsten Treppenhäuser des Rokoko. Weiche, flachfließende Kurven. Leichtes, graziöses, aber reiches Treppengeländer aus Schmiedeeisen. Äußerste Lebendigkeit der zarten Stukkatur. Das Treppenhaus ist in seiner vollen Höhe bis unter das Dach zum eigentlichen Festsaal des Schlosses geworden (vgl. Barocktreppenhaus Abb. 145 und 146).

Abb. 152 (rechts) *Kaisersaal* (Architektur 1737, Ausstattung 1749—1753) der Residenz zu Würzburg (1719 Planung, 1720 Baubeginn, 1745 letztes Bauende, Ausstattung noch weitere Jahre). Das Schloß ist im Wesentlichen das Werk Johann Balthasar Neumanns, für die Fürstbischöfe von Schönborn gebaut, die noch L. v. Hildebrandt, Boffrand und de Cotte zur Beratung hinzuriefen. Der Kaisersaal ist eine auf Neumanns Ideen beruhende Gemeinschaftsarbeit von Neumann als Baumeister, dem Maler Giovanni Battista Tiepolo und dem Stukkateur Antonio Bossi. Überquellender Reichtum der zierlichen Rokoko- auf großartigen Spätbarockformen; ovale Stichkappen der hoch übereinander gereihten Fenster.

Abb. 153. Inneres der Wallfahrtskirche *Vierzehnheiligen* (1743—1772) von Johann Balthasar Neumann in der Nähe von Bamberg. Im großen Mittelraum steht frei der Gnadenaltar. Über ihm schwingen in nicht mehr rasch zu erkennenden Kurven die Gewölbe der elliptischen und runden Raumabschnitte, sich wechselweise durchdringend, ineinander. Der Bewegung im Linienfluß des Gesamtraumes entspricht auch jene der Altarform. Das ganze ist eine Symphonie der Helle des flutenden Lichtes, des getünchten Weißes der Säulen, Pilaster und der kaum sichtbaren Wände, des Goldes der Stukkatur und des vielfarbigen Leuchtens des gewaltigen Deckengemäldes. Unwirklich scheinender, bewegter Raum voll endlosen Gleitens und Wogens von Linien, das dem Auge in nur wenigen Senkrechten Halt bietet (Abb. 133).

Abb. 154. (rechts) Schrägblick durch den Innenraum der Wallfahrtskirche *in der Wies* (1745–1754) bei Steingaden in Oberbayern von Dominikus Zimmermann. Hauptraum von ovalähnlicher Form

mit ca. 29 m Länge und ca. 25 m Breite. Innen umstellt mit acht säulenähnlichen Pfeilern (rundliche Flächen mit vier aufgesetzten Kanten), diese paarweise durch einheitliche Sockel- und Kämpferstücke miteinander verbunden. Dahinter Umgang. Freie Kurven der Fensterformen. Die Pfeilerpaare tragen ein inneres, vor den Fenstern im Chor nochmals seinerseits mit Lichtöffnungen versehenes Holzspiegelgewölbe mit reicher Stukkatur und Bemalung von Johann Baptiste Zimmermann, dem Bruder des Baumeisters. Hierdurch Wirkung von indirekter Beleuchtung und Unfaßbarkeit des Raumes für den naiven Beschauer. Langgestreckter, am Ende gerundeter Chor mit zwei hinter- und übereinanderliegenden Altären und zweigeschossigem Umgang, oben mit Säulenstellung. Im Ganzen ein lichtdurchfluteter, in die Weite schwingender Raum mit zarten und doch wiederum tief leuchtenden Farben, ständiges Ineinandergreifen von Architektur, Plastik und Malerei, zwischen denen sich die Grenzen verwischen, sodaß alles zu einer großen, köstlichen Einheit wird, verwandt der Musik jener Zeit (s. Abb. 139).

Abb. 155. Engel mit Rocaille von Ignaz Günther am Chorgestühl der Klosterkirche Neustift bei Freising in Oberbayern (nach 1755). Sinnliche Liebenswürdigkeit des Engels. Völlige Auflösung der Kartusche in Rocaillen sowie Pflanzen- und Blumenornamentik = Kennzeichen des reifsten Rokoko.

Abb. 156. Gartenfigur einer Sängerin (Mitte 18. Jahrh.) von Ferdinand Dietz im Park des Schlosses Seehofen bei Bamberg. Oft in unübersehbarer Fülle stehen derartige Plastiken in langen Reihen entlang den schnurgeraden oder abgezirkelten Wegen in den Parterres und Bosquets, das sind künstliche Gartenanlagen auf strengen, übersichtlich-klaren, geometrischen Grundrissen (vgl. Abb. 129). Mit allem Charme und der Koketterie jener Epoche ist jede Figur ein Teil einer Gruppe, die gemeinsam ein Thema hat. Solche Themen sind entsprechend dem Bildungstrieb jener Zeit oft der homerischen Götter- und Heldensage, den Ovid'schen Metamorphosen entnommen oder haben auch Symbolisierung der Jahreszeiten, der Kontinente oder künstlerischer Beschäftigungen zum Inhalt. Hier ist ein ganzes Konzert zusammengestellt.

Abb. 157. Hl. Petrus Damianus (1760–1762 [?]) von Ignaz Günther „dem letzten Vollender deutscher Rokokobildnerei" (Feulner), am Hochaltar der Benediktinerklosterkirche (1759) Rott am Inn in Oberbayern. Die Figur spricht aus ihrer Gesamthaltung, dem Linienfluß, dem Detail. In allem überfeinerte Eleganz, höfische Geste, ein Zur-Schaustehen. Den Wert dieses Kunstwerkes macht vor allem die Delikatesse des Vortrages aus (s. Abb. 158).

Abb 158. Kopf des hl. Damianus (1760–1762 [?]) von Ignaz Günther am Hochaltar der Benediktinerklosterkirche (1759) Rott am Inn, Oberbayern. Dies Antlitz hat nichts mehr von einem Heiligen. Es ist der selbstbewußte und selbstsichere Ausdruck eines überlegengewandten großen Weltmannes in geistlicher Kleidung (s. Abb. 157).

Abb. 159. Rathaus in Karlshafen an der Oberweser (um 1700).
In den schlichten Barockformen wird schon die kühlere Zurückhaltung des nahenden Klassizismus fühlbar.

VOM KLASSIZISMUS

Während sich das Rokoko in seine letzten, überschäumenden Formen verliert, werden Potsdam, Berlin, Dessau, Kassel, Weimar, Jena, Frankfurt am Main, Karlsruhe, München zum Vorort der Baukunst jener Epoche, deren Eigenart insgesamt als „Klassizismus" bezeichnet wird. Im Gegensatz zum Übermaß der Bewegung zeigen dessen Bauformen wiederum ein Besinnen auf die Grundordnung von Stütze und Last. Die schlichten Mauerflächen in ihrem Verhältnis zu den Größen der Öffnungen mit deren Umrahmung werden gegeneinander ausgewogen. Säule und Gebälk gliedern als Vertikale und Horizontale. Dabei greift der Klassizismus nicht wie die Renaissance auf die späten reichen Ordnungen der Antike — die ionische und korinthische — sondern auf die frühe Form der dorischen zurück.

Klassizismus als Gestaltungsprinzip

Der Klassizismus als Gestaltungsprinzip in der Baukunst — als Verkörperung der Kräfte, welche nach Maß, Ordnung, Haltung, nach schöner Aufteilung der Flächen drängen — bleibt seit dem Vorgehen der italienischen Architekturtheoretiker der Renaissance — seit Alberti (1404—1472), Palladio (1508—1580), Serlio (gest. 1552), Vignola (1507—1573) — verborgen auch dort wirksam, wo er durch die Überfülle der treibenden Kräfte des Barock verdeckt ist. Als vollendetes Werk der deutschen Renaissance zeigt die Fassade des Augsburger Rathauses (1615—1620) von Elias Holl (1573—1646) ebenso wie benachbarte Gebäude in Neuburg an der Donau, Dillingen und Eichstätt schon ein solches Einmünden in den Klassizismus. Selbst mitten in der Zeit des Barock entstehen Bauten wie Kilian Ignaz Dientzenhofers Palais Piccolomini (um 1730) in Prag. In der Zartheit der nur gering aus der Fläche tretenden Gliederung und Ornamentik ist schon bei einer Reihe von Werken des späten Rokokos jenes Zurückschwingen der Bewegung zur Ruhe durchzufühlen: in Weyhings und de la Guêpières Schloß Solitude (begonnen 1763) bei Stuttgart (Abb. 126), in Stengels Ludwigskirche (bis 1775) zu Saarbrücken, Knobelsdorffs Stadtschloß in Potsdam (seit 1745). Vor allem dessen letztes und reifstes Werk, das kleine Schlößchen in Mosigkau bei Dessau, mutet mit seiner strengen Zurückhaltung der äußeren Gliederung schon fast klassizistisch an. So ist zu unterscheiden zwischen Klassizismus als allgemeinem Gestaltungsprinzip in der Baukunst und dem besonderen Klassizismus als Stilepoche.

Klassizismus als Stilepoche, Denkmäler und Meister in Deutschland

Der Klassizismus als Stilepoche währt sehr kurz. Seine Träger sind — wie auch auf anderen Gebieten der Kunst — stark von jener Unterströmung erfüllt, die dann in der Romantik voll zum Ausbruch kommt. Karl Friedrich Schinkels Gemälde, Zeichnungen und eine Reihe seiner Entwürfe — z. B. zu einem gotischen Dome — haben schon gar nichts mehr von Klassizismus an sich. Die Leichtigkeit, mit der Leo von Klenze später der Nachahmung anderer Stilformen verfällt, zeigt die kurze Dauer dessen, was hier zum Ausdruck kommt.

Neben der an Zahl kleinen Monumentalbauten der Zeit — den Theatern, Museen, Bibliotheken — sind es vor allem die breite Masse der Bürgerhäuser, die dieser Zeit und diesen Städten das Gepräge geben. In Berlin ist es Friedrich Gilly (1772—1800), Karl Friedrich Schinkel (1791—1841), Carl Gotthard Langhans (1732—1808), Karl Philipp Christian von Gontard (1731—1791), in Dessau Friedrich Wilhelm Freiherr von Erdmannsdorf (1736—1800), in Karlsruhe Friedrich Weinbrenner (1766—1826), in München Leo von Klenze (1784—1864), von denen bestimmender Einfluß ausgeht. Gegen Gillys herbe, fast abweisende Strenge, in welcher der kubische Baukörper die Grundlage bildet, zeigt sich Schinkel als der Phantasievolle, der in seinen Museumsbauten ein feines Einfühlungsvermögen bekundet, während von Klenzes Werken etwas von jener Kühle anhaftet, die aller übernommenen Form zu Eigen ist.
Eine wirklich eigenständige Art, in der klassische Ruhe mit warmem Empfinden gepaart ist, zeigt Schloß Wörlitz (1769—1773, Abb. 164), das Freiherr von Erdmannsdorf für den Fürsten Franz I. von Anhalt-Dessau erbaut. Neu ist die Art, in der Fenster und Türen dort in der Fläche sitzen. Sie erinnert an jene der gediegenen, einfachen Bürgerbauten aus der Zeit des Biedermeier, die in ihrer Schlichtheit die hohe Kultur ahnen lassen, die sich hinter solcher Haltung verbirgt. Klassisch ist der Grundton, der Sinn für Proportion und Reinheit der Form, klassizistisch, d. h. das Besondere der Epoche verkörpernd, der Säulenportikus mit Gebälk und Giebel. Neu gegenüber der Antike ist hier die Art, in der Bauwerk und Landschaft — in diesem Fall Bauwerk und Park — verbunden sind. Da klingt etwas von dem Gestalten aus der Landschaft nach, das der Barock entwickelte. Doch offenbart sich darin jene feine, zarte Note, die dem innigen Verhältnis entspricht, das die Menschen der Romantik mit der Natur verbindet.
Auch die Meister der Renaissance sind im Grunde um diese Werte bemüht. Doch zeigen ihre Werke noch ein anderes Gesicht. Ihnen sind Menschheitsfragen fremd, wie sie nun seit der französischen Revolution sozial und geistig das ganze Gefüge erschüttern. Dort waren — geboren aus dem Erwachen der umfassenden Persönlichkeit — Maß und Ordnung gepaart mit einem Aufblühen, einer großen Mannigfaltigkeit, einem erwachenden Gestaltungstrieb, einer Jugendfrische, einem üppigen Wachstum, einer Freude an der Schönheit des Körperlichen und der Natur. Der Klassizismus strebt dagegen nach dem Sinn des Kosmos als der schöngeordneten Welt. Er sucht das Gesetz im Urgrund um des Gesetzes willen zu ergründen.

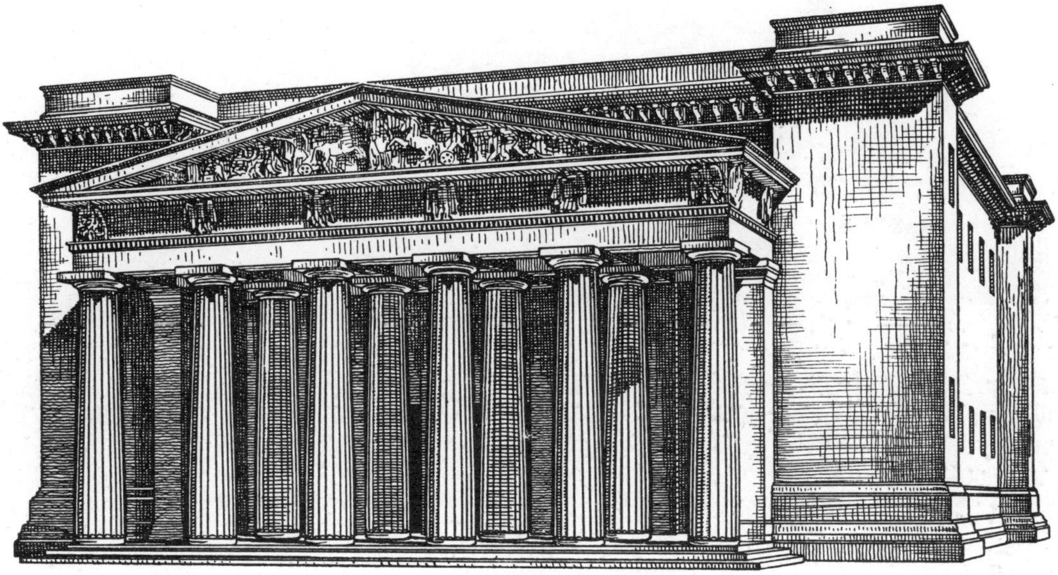

Abb. 160. Neue Wache (1817) in Berlin von Karl Friedrich Schinkel. Kennzeichen des Klassizismus: klare, nüchterne, große Bauformen in strengen Verhältnissen; überwiegend Anlehnung der Einzelgestaltung an Formen der Antike, hier Vorbau mit dorischer Säulenordnung; Tympanon im Giebel mit Figurenschmuck im Stil griechischer Tempel.

Abb. 161. Hollandesche Villa (um 1800) von P.J. Grahe in Braunschweig. Wirkung im wesentlichen allein durch Proportionierung. Klare Übersichtlichkeit, jedoch ist die Strenge, die aus Abb. 162 spricht, hier noch durch die gefälligere Dachform gemildert. Wenige Schmuckteile, wie Säulen am Eingang, Leuchter mit Greifenträger, Feston und Hermesstäbe, im Tympanon Kranz und Band. Bereichernd wirkt das eiserne Gartengitter mit Vasen auf hohen Sockeln neben der Einfahrt.

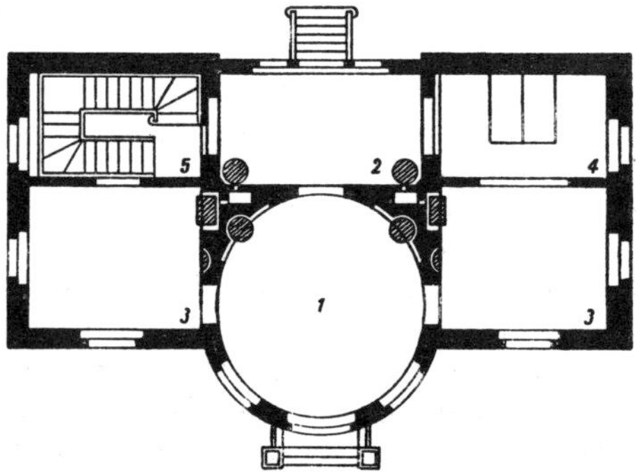

Abb. 162. Ansicht und Grundriß der *Villa Mölter* (1798) von Friedrich Gilly am Tiergarten in Berlin. Der Grundriß stimmt nicht mit den übrigen in diesem Buch verwendeten Maßstäben überein. Die Räume sind: (1) Saal; (2) Gartenkabinett; (3) Zimmer; (4) Alkoven; (5) Treppenflur. Bewußt sind einige kleine Unstimmigkeiten zwischen Auf- und Grundriß aus der Ideenskizze von Gilly in diese Zeichnung übernommen worden, weil hieraus noch der Fluß der Überlegungen zu ersehen ist. Im Entwurf wirkt offensichtlich noch die Grundidee des Rokokoschloßbaues nach, nun aber auf strengere kubische Baumassen zusammengezogen. In der Fassadengestaltung äußerste Bescheidung auf sachliche, nahezu schmucklose Flächenaufteilung. Einzige sonstige Zierde ist die magere Umrahmung der unteren Wandöffnungen, das knappe Gesims und das zurückhaltende Relief im oberen Rund des Mittelbaues.

Abb. 163. Französischer Dom und Neue Kirche (1701) nach Grünbergs Plänen von Cayart und Quesnay auf dem Gendarmenmarkt in Berlin. Die beiden Kuppeltürme, von Gontard entworfen (1780), wurden von Mayer ausgeführt (1781—1785). Diese Bauten sind für die Entwicklung des Klassizismus in Berlin von entscheidender Wichtigkeit. Zwischen ihnen wird, ebenfalls aus der Zeit des Klassizismus, das Schauspielhaus von Schinkel (1818) sichtbar.

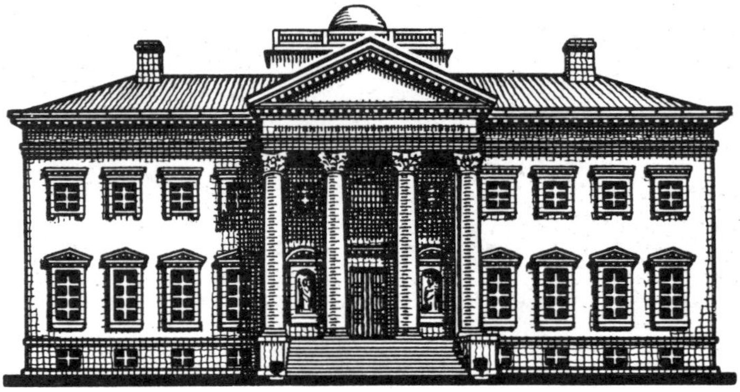

Abb. 164. Schloß Wörlitz (1769—1773), also noch durchaus zur Zeit des Rokoko, von Friedrich Wilhelm Freiherr von Erdmannsdorf, dem frühen und entscheidend führenden Baumeister des Klassizismus. Aus der Antike bekannte Einzelformen. Doch im Gegensatz zur deutschen Renaissance, welche südliche Formen mit Zierat unverstanden überhäuft, mit dem Willen zu einer klassischen Haltung von „edler Einfalt und schlichter Größe" gegeben.

BAUKUNST IM 19. JAHRHUNDERT

In seinen Bauwerken bleibt der eigentliche Klassizismus auf die Formen der Antike beschränkt. Die späteren Werke v. Klenzes wie die Bauten Gottfried Sempers (1803—1879) in Dresden, das Opernhaus (1838—1841, nach dem Brand von 1869 vom Sohn Manfred Semper bis 1878 in veränderter Form wieder aufgebaut) und die Galerien (ab 1847) leiten schon in die Zeit über, in der – sich einander nun ablösend – die Formen aller Stilepochen der deutschen Baugeschichte übernommen werden. Dieser Historizismus kennzeichnet dann die Baukunst des 19. Jahrhunderts. Er führt zu einem Auseinanderklaffen von Inhalt und Form. Stilbildung beruht aber gerade darauf, daß Inhalt und Form sich decken, daß sie Verkündigung einer allgemein in der Zeit wirkenden Geistigkeit, einer durch alle Schichten sich ziehenden Lebensform wird. Romantik hat in der Baukunst keine stilbildende Kraft. Sie schaut nach innen in die nun durch alle Probleme der Zeit erschütterten Bezirke der menschlichen Seele. So übernehmen andere Künste, vor allem die der Dichtung und Musik, die Führung. Hier sind die großen künstlerischen Leistungen des Jahrhunderts, geboren aus dem letzten Ringen der Einzelpersönlichkeit des Künstlers mit den Fragen um die Welt und ihren Sinn.

AUSBLICK

Dem Historizismus wie dem ihn ablösenden Jugendstil setzen in der Baukunst zu Beginn des 20. Jahrhunderts zwei Bewegungen ein Ende:
Die eine greift auf jene Grundformen zurück, die sich bereits seit der Renaissance als fast zeitlose Baugewohnheiten in den einzelnen Landschaften entwickeln und unabhängig von der besonderen Stilbildung der einzelnen Epochen durch die Jahrhunderte ziehen. Es sind jene wesentlichen Elemente des einfachen Bauens, welche auf dem ursprünglichen Sinne der Dinge — auf ihrer Urform — und auf der sauberen handwerklichen Gestaltung beruhen. Sie sind begründet in den einfachen Umrissen der Körper, der fast unauffällig-schlichten Bildung und den Proportionen von Fenstern und Türen in der Mauerfläche und der Art des Auftrages von Putz. Aber auch die Schlichtheit der großen schützenden Dachhaut gibt dem Ganzen durch das kleinflächige Muster der Ziegel und Schiefer Maßstab. Ihre Schönheit entspringt der Zurückhaltung von allem Gewollten.
Die zweite Bewegung geht von jenen Baumeistern und Ingenieuren aus, die sich im „Werkbund" zusammenschließen. Seine Vorkämpfer, frei von allen historischen Bindungen, prägen die Gestalt aus den dem Werkmaterial innewohnenden Formkräften. Ihre große Bedeutung liegt darin, daß sie der Technik als der alles beherrschenden Macht auch in der Formbildung am Bauwerk sinngemäßen Ausdruck verleiht. Die großen Ingenieurbauten: Brücken, Bahnhöfe, Industrie- und Handelshäuser sind die Leistungen dieser neuen Zeit, vor denen alles historisierende Nachahmen verblaßt.
Beiden Bewegungen ist das Streben nach innerer Wahrhaftigkeit gemeinsam. Darum liegen in ihnen die Ansätze neuer Stilbildung verborgen, die dann zum vollen Durchbruch kommen wird, wenn das erschütterte Sozialgefüge, neu geordnet, zu einer alle Schichten umfassenden Lebensart und -haltung führt. Denn: Stilbildung ist der Ausdruck einer in der Zeit wirkenden Geistigkeit und allgemeinen Lebensform.

ZEITTAFEL

Stilperiode	Zeitraum
Griechische Baukunst	Blütezeit 470—330 v. Chr.
Römische Baukunst	Blütezeit 31 v. Chr.—3. Jahrh. n. Chr.
Altchristliche Baukunst	1. Jahrh. n. Chr.—6. Jahrh. n. Chr.
Karolingische Baukunst	ca. 750—850
Ottonische Baukunst	ca. 930—1000
Romanische Baukunst	insgesamt 1000—1270
Zeit der flachgedeckten romanischen Basilika	1000—Ende 12. Jahrh.
Gewölbte Basilika	1080—ca. 1270
Hirsauer Schule	1070—Ende 12. Jahrh.
Gotik	
Frankreich	
Frühgotik	1140—1200
Hochgotik	1200—1300
Deutschland	
Zisterzienserbauten	Ende 12. Jahrh.—Anfang 13. Jahrh.
Frühgotik	1230—1300
Spätgotik	1300—1500
Backsteingotik	ca. 1350—1450
Hallenkirchen	ca. 1430—1500
Renaissance	
Italien	
Frührenaissance	ca. 1421—1500
Hochrenaissance	ca. 1500—1550
Deutschland	1519—1620
Barock	
Italien	ca. 1550—1700
Deutschland	
Vorstufe	1630—1680
Barock	1680—1730
Rokoko	1730—1780
Klassizismus	
Deutschland	ca. 1770—1830

ERKLÄRUNG DER FACHAUSDRÜCKE

Akanthus: griechisches Wort für die Distelpflanze Bärenklau, deren gezackte Blätter als Schmuck, mehr oder weniger stilisiert, sowohl in der griechischen Baukunst als auch im Mittelalter, in der Renaissance und im Barock z. B. an Kapitälen und in verschlungener Form als Flächendekoration besonders häufig angewendet wurden (Abb. 1).

Akt: (actus, lateinisch = Bewegung) bildliche Darstellung des nackten menschlichen Körpers.

allegorisch: sinnbildliche Darstellung von Begriffen nichtstofflicher Art durch mit ihnen in Zusammenhang stehende gebräuchliche oder bekannte Gegenstände oder Personen (Abb. 136).

antik: ursprünglich der Antike (dem griechisch-römischen Kulturzeitalter) angehörig, jetzt aber auch im freien Sinne für „alt" verwendet, wenn hierbei der Begriff für ehrwürdig und der eines gehobenen Wertes angedeutet werden soll.

Apsis: Apside, Konche, Exedra, Tribuna ist die Benennung des halbrunden, mit Viertelkugel überwölbten Anbaues der christlichen Kirche, dessen Ursprünge auf die römische Bauweise zurückgehen. Darin war schon früh der Altar und Bischofstuhl angeordnet, im Anfang auch die Sitze der Ältesten der Gemeinde = Presbyter, später jene der Priester (Abb. 9, 11, 12 und 14).

Arabeske: Ranken- und Blattornament in ziemlich naturnaher Darstellung. Häufig sind auch menschliche Figuren oder Figurenteile mit hineinverwoben (Abb. 99).

Arkade: (arcus, lateinisch = Bogen) ein sich auf Säulen oder Pfeiler stützender Bogen. Der Begriff ist auch in erweiterter Form für die Reihung der Bögen, die z. B. in der Basilika das Seitenschiff vom Mittelschiff trennen, sowie für Umgang und Wandelgang gebräuchlich, bei denen je eine Seite durch eine Reihung solcher Bogeneinheiten gebildet wird. Wird sie nur zur Belebung und Zierde größerer Wandflächen angewendet, so spricht man von Blendarkaden. Blendarkaden in sehr kleiner Ausführung heißen Zwergarkaden oder Zwerggalerie.

Atlant: an Stelle einer Säule verwendete muskulöse Männerplastik.

Attika: schlichte oder plastisch ausgestaltete oder auch mit Figuren bestellte, das dahinter liegende Dach verbergende, niedrige Schmuckwand über dem Hauptgesims von Gebäuden der Renaissance, des Barock, Rokoko und Klassizismus (Abb. 121).

Auge: runde Scheitelöffnung einer Kuppel.

Axialität: in Richtung der Achse, zur Mitte geordnet.

Balkendecke: flache Überdeckung von Räumen, an deren Unterseite die Tragbalken, die quer zur Längsrichtung verlegt werden, sichtbar hervortreten (Abb. 24). Fügen sich zu diesen Querbalken auch noch Längsbalken als Verbindungen, so entstehen rechteckige Felder oder Kassetten = Kassettendecke (Abb. 97 und 98).

Balustrade: Geländer, dessen senkrechte Stützen aus einer Reihung gedrungener, dickbauchiger Säulchen (Baluster) bestehen (Abb. 123, 126, 145, 149).

Bandelwerk: Verflechtung und Verschlingung von bandartig flach-erhabenen Streifen zu Ornamenten zur Zierde von Flächen. In allen Zeiten und in den meisten Zweigen der bildenden Kunst verwendet, spielt es im reifen Barock und Rokoko eine besondere Rolle. Hier ist es auch häufig bei Arbeiten der Schmiedekunst freistehend als Füllung von Zwischenräumen zu finden (Abb. 122, 140 und 141). Kreuzungsstellen von Bändern sind oft mit kleinen Rosetten besetzt und Endungen und äußere Ecken mit kargen, stark stilisierten Pflanzenmotiven, wie Blättern und Ranken.

Basilika: (griechisch „Königshalle") Name des Gebäudes von Archon Basileus in Athen. Die Römer nannten ihr Gerichtsgebäude Basilika. Diese Gebäude waren lang und weiträumig und hatten zu beiden Seiten durch Säulen vom Hauptraum abgeteilte schmälere Hallen. Am Ende der Halle war leicht erhöht der Sitz des Richters. In manchen Fällen war dieser Platz in einer angebauten, halbrunden Apsis untergebracht. Wegen der Ähnlichkeit der Form besteht die Vermutung, daß das Christentum hieraus seine Kirchenbauweise übernommen hat, wodurch auch der Name auf diese übertragen wurde. Dem stehen in neuerer Zeit andere, in diesem Buche ausgeführte Auffassungen gegenüber (vgl. Abb. 10).

Bauhütte: Arbeits- und Lebensgemeinschaft jener Künstler und Handwerker für Architektur und Plastik, die zur Zeit der Gotik die großen Dome und Münster schufen. Ihre Hüttengeheimnisse, das sind künstlerische und technische Erfahrungen und Erkenntnisse, wurden streng bewahrt und nur innerhalb der Generationenfolge und der zugehörigen Bauhüttengemeinschaft weitergegeben.

Bildteppich: ein nicht nur mit Ornamentik sondern auch mit Bildern gewirkter Teppich zur Verkleidung von Wandflächen. Dieser Begriff wird in übertragenem Sinne auch für große fortlaufende Wandgemälde mit ornamentaler Gliederung verwendet.

Blendbogen: Blendarkade (Arkade aus dem lateinischen arcus = Bogen) = schmückende, gliedernde, bogenförmige, flache Abstufung in der Wand (Abb. 44).

Blendfenster: Scheinfenster, Schmuck einer Mauerstelle mit allen Zierelementen wie an den übrigen Fenstern des Baues, jedoch ohne Maueröffnung. Es dient zur Fortführung des Rhythmus bei Fensterreihung auch an jenen Stellen, an denen aus innenarchitektonischen Gründen ein Fenster nicht erwünscht ist.

Blendmaßwerk: Maßwerk, das als gliedernder Schmuck vor Wandflächen angebracht wird (Abb. 70 und 73).

Boskett: dichtgepflanzte Baumhecke. Im Park des Barock und Rokoko jene Zone, die das Parterre des Gartens von der Weite des übrigen, freieren Parkes trennt. Im Boskett sind in geschnittenen, übermannshohen Baumhecken Wege, Sitzplätze, Wasserbecken, Statuen, Grotten, kleine Freilichtbühnen usw. eingebaut. Die Innenarchitektur des Schlosses findet hier ihre Fortsetzung im Freien: größere Festräume und intimere Kabinetts, in denen bei schöner Witterung sich die Geselligkeiten des Hofes abspielten.

Bossenwerk: Gemäuer aus nach den Seiten des Mauerverbandes glatt behauenen, nach der Außenseite im wesentlichen roh vorragenden Quadersteinen, bei denen jedoch die rohe Außenseite eine schmale glatte oder profilierte Umrahmung trägt (vgl. Rustika).

Bündelpfeiler: mit mehreren verchieden großen Halb- oder Dreiviertelsäulenvorlagen versehene Pfeiler oder Säulen im gotischen Kirchenbau (Abb. 57, 65, 79 und 80).

Chor: der für den früheren priesterlichen Chorgesang bestimmte Raum. Er entsteht durch die Weiterführung des Mittelschiffes über das Querschiff hinaus (Abb. 33 und 34). Wegen seines meist quadratischen Grundrisses spricht man auch vom Chorquadrat. Da z. Zt. der Gotik die ursprünglich als Chorhaupt angefügte Apsis die Merkmale einer trennenden Gliederung einbüßt und in voller Höhe und Breite zum Abschluß des Chorraumes wird (Abb. 61—63 und 77—79), gilt die spätere Bezeichnung „Chor" auch der Gesamtheit des dem Querschiff vorgelagerten Baukörpers. Der Chor liegt gegenüber der Kirche um einige Stufen erhöht. Eine wesentliche Erhöhung kann eintreten, wenn unter dem Chor eine Krypta angeordnet ist (Abb. 24, 27 und 40). Z. Zt. der romanischen Baukunst entsteht der doppelchörige Bau, in dem auch die Westseite der Kirche mit einem Chorwerk geschlossen wird (Abb. 34).

Chorschranke: im Gegensatz zum späteren Lettner niedrige, überblickbare Trennung des Chores gegen die übrige Kirche.

Chorumgang: durch Verlängerung der Seitenschiffe über das Querschiff der mittelalterlichen Kirchen entstandener Umgang um Chor und Apsis, der nach diesen Räumen hin durch Arkaden abgeteilt und gleichzeitig geöffnet ist (Abb. 62, 63, 78, 79 und 80).

Dachfirst: obere, meist waagrechte Schnittlinie zweier Dachflächen.

Devise: Wahlspruch, der durch Embleme, Worte oder Buchstaben auf Schildern oder Kartuschen, z. B. an Bauwerken, gezeigt wird.

Dienst: Halb-, Dreiviertel- oder Viertelsäulenvorlagen an Pfeilern oder Wänden gotischer Kirchen zur Aufnahme der Last aus den Gurten und Rippen der Gewölbe (Abb. 57, 65, 79 und 80).

Dom: große Kirche, so benannt entweder nach der lateinischen Widmung „DEO OPTIMO MAXIMO" oder nach Abkürzung der Bezeichnung „domus Dei" = Haus Gottes. In Deutschland häufig für Kathedrale.

Drillingsfenster: drei nah nebeneinander angeordnete Fenster, deren Öffnungen nur noch durch zwei oder vier je paarweise hintereinander gestellte Säulchen getrennt werden. Häufig überragt das Mittelfenster beide Außenfenster (Abb. 44).

Eckblatt: Blattschmuck am Fuße mittelalterlicher Säulen, der die leeren Ecken überkleidet, welche sich durch die Auflage des runden Säulenfußpolsters auf eine quadratische Platte (Plinthe) ergeben. Auch konstruktiv, d. h. er verhindert das Abplatzen der Ecken (Abb. 27 und 28).

Ehrenhof: der vor dem Schloß gelegene, von zwei Seitenflügeln U-förmig flankierte, an der vierten, der Zufahrtsseite, offene Platz, in dem die Gäste empfangen wurden, vor allem bei Schloßbauten des Barock (Abb. 128).

Emblem: Sinnbild, z. B. Wappen (Abb. 136).

Empore: in Stockwerkhöhe befindlicher Raum meist über den Seitenschiffen der Kirche, der sich zu dem Mittelschiff hin öffnet. Er dient zur Vergrößerung des Fassungsvermögens des Raumes sowie verschiedentlich zur Absonderung gewisser Personen (Abb. 24, 57 und 119).

Fassade: Stirnseite eines Bauwerks, die sich der Öffentlichkeit am meisten zuwendet. Die anderen Seiten nennt man Seitenfassade, Hinterfassade, Hoffassade, Gartenfassade u. a.

Fächerrosette: plastischer Schmuck für die Innenfläche von Kreisformen durch fächerartige Reihung von abgerundeten Kreissektoren (Abb. 107, 111 und 112).

Feston: Blatt- und Blumengebinde, das mit schmückenden Bändern zwischen zwei Aufknüpfungspunkten in sanftem Bogen hängend Bauteile ziert (Abb. 99).

Fiale: typisch gotisches, spitzes, schlankes Ziertürmchen zur Verlängerung und Betonung senkrechter Bauelemente (Abb. 60 und 73) oft mit statischem Zweck.

Fischblase: Schneuß, einer Fischblase ähnliches, meist in der Spätgotik verwendetes Ornament. Es entsteht, indem ein Paß oder Dreipaß einseitig zu einer geschwungenen oder geraden Spitze ausgezogen wird (Abb. 72 und 74).

Flucht: Reihung gleicher Dinge in einer Geraden (z. B. Zimmerflucht, Gebäudeflucht usw.).

Flügel: in der Architektur jene Seitengebäude, die sich in ihrer äußeren Aufmachung vom mittleren Hauptteil unterscheiden (Abb. 126) oder mit diesem im Winkel angeordnet sind (Abb. 128).

Freitreppe: Treppenanlage im Freien vor einem Gebäude (Abb. 112, 126 und 131).

Fries: gemaltes oder geringplastisches Ornamentband, das die Grenzen gestaffelter Baukörper hervorhebt und schmückt (Abb. 43 und 49).

Galerie: breiter Wandelgang mit großen Lichtöffnungen oder Raum, dessen Länge die Breite beträchtlich überwiegt. Seit dem Barock, zu dessen Zeit Galerien nach der einen Seite entlang der langen Zeile der Kabinetts verliefen, während sie mit ihren Stirnseiten zu Festsälen führten und sich auf der zweiten Langseite mit hohen Fenstern zu den Parkanlagen hin öffneten, wurden sie auch zur repräsentativen Aufstellung größerer Kunstwerke herangezogen. Gleichzeitig trugen ihre Wände großflächige Gemälde (vgl. hierzu „Kabinett").

Gaube: kleiner hausähnlicher Dachaufbau mit Fenster und Sattel- (Abb. 82) oder Walmdach (Abb. 96). Schleppgaube (Abb. 105) = wenn das Dach des Aufbaues eine nur in flacherem Winkel weiterverlaufende Fortsetzung des Hauptdaches ist.

Gebundenes System: Entwicklung des Grundrisses der romanischen Basilika aus der festen Maßeinheit des Vierungsquadrates durch Reihung und Teilung desselben (Abb. 33).

Gekappter Kleeblattbogen: spätgotische Bogenform: die seitlichen Senkrechten wölben sich mit kurzem Radius nach innen, knicken wieder zur Senkrechten für ein kurzes Stück empor, knicken erneut zur Horizontalen, in der sie sich ohne Spitze über die Öffnungsbreite hinweg vereinigen (Abb. 75 (4)).

Geschoß: Stockwerk, Summe der auf gleicher Höhe liegenden Räume von Bauwerken.

Gesims: unterteilendes, horizontales Zierglied oder Zierleiste, die kräftig-plastisch, einfach oder profiliert aus der Wandfläche hervortritt (Abb. 135).

Gewände: durch schrägen Einschnitt einer Öffnung in der Mauer entstehende seitliche Flächen (Gegensatz zu „Leibung") (Fenster auf Abb. 38 und reicheres Portalgewände Abb. 46 und 70).

Gloriette: eine dem Pavillon oder Tempel oder der Schloßfassade ähnliche offene Schmuckarchitektur, die zwischen ihren Säulen oder Pfeilern freie Durchblicke auf die hinter ihnen liegende Landschaft gewährt und als festlicher Abschluß am Ende der ausgedehnten Parkarchitektur der Barockschlösser die große Mittelachse hervorhebt oder bedeutendere Anhöhen in diesen Parks krönt.

Gotischer Schwung: Ausdruck für die leichte S-Kurve in der menschlichen Körperhaltung gotischer Bildwerke und Malerei (Abb. 84).

Grat: Kanten, Durchdringungskurven, die bei der Durchdringung zweier Gewölbe entstehen (Abb. 38, 39 und 40).

Grotte: Nische, deren Wandungen meist mit Muscheln, unbearbeiteten großen Steinen, Schneckenhäusern usw. verkleidet sind und zwischen denen man gerne Moospflanzen hegt. Besonders in der Renaissance, dem Barock und auch Rokoko legte man sie in Parks und Gartensälen an.

Grottenwerk: s. Rocaille und Grotte.

Gurtbögen: die ein Gewölbejoch begrenzenden Hauptbögen (Abb. 33 und 39).

Hallenkirche: mehrschiffige Langhauskirche mit gleicher Raumhöhe für alle Raumteile (Abb. 60 (B) und 81).

Herme: Pfeiler mit einem männlichen oder weiblichen Kopf als Bekrönung, später auch mit Teilen des menschlichen Oberkörpers, während sich dann der Pfeilerschaft häufig nach unten hin verjüngt (Abb. 111 (4) und (5)).

Joch: Gesamtheit der zu einem Raumabschnitt gehörigen einzelnen Gewölbeteile, die sich z. B. beim Kreuzgewölbe einer Basilika zwischen vier Pfeilern und deren verbindenden Gurtbogen spannt (Abb. 33).

Kabinett: kleines Zimmer, das mit angrenzenden Zimmern, jedoch nicht mit dem Vorsaal durch Türen in Verbindung steht. In Schlössern des Barock wurden diese Kabinetts, die häufig in einer Reihung entlang der Galerien gelegen waren, zur Aufbewahrung kleiner Kunstwerke (Kabinettstücke), die eine intimere Betrachtung als größere Kunstgegenstände erfordern, benutzt. Diese Zimmer dienten vor allem der persönlichen Unterhaltung und dem ruhigeren Aufenthalt im Gegensatz zu den übrigen größeren Räumen (vgl. hierzu „Galerie").

Kämpfer: schlichtes oder profiliertes Zwischenstück zwischen Kapitäl von Säulen, Pfeilern, Wandpfeilern (Pilastern) und der aufzunehmenden Last. Es dient zur Erhöhung der Stütze und Verbreiterung der Stützfläche, d.h. es verbreitert sich nach oben schräg ausladend über die Deckplatte des Kapitäls hinaus (Abb. 138). Kämpfer werden auch aus der Mauer vorspringende gesimsartige Widerlager von Gewölben genannt. Sofern sie dann über Pilaster u. a. hinführen, unterbrechen sie ihren Lauf nicht, sondern werden an diesen Stellen vorgekröpft (Abb. 152).

Kannelierung: Oberflächengestaltung (Gliederung) einer Säule oder eines Pfeilers durch schmale, senkrechte Vertiefungen, Rillen, mit halbkreisförmigen oder halbelliptischen Querschnitten (Abb. 3, 4, 5, 6, 7 und 111).

Kapellenkranz: Apsidenkranz, durch Verlängerung der äußeren Seitenschiffe über das Querschiff der mittelalterlichen, fünfschiffigen Kirche entwickelte zweite, dem Chorumgang ähnliche Anlage. Diese wird radial (strahlenförmig) mit Wänden unterteilt, wodurch einzelne, zum Kircheninneren geöffnete kleine Räume entstehen. Sie werden als einzelne Kapellen ausgestattet (Abb. 62, 78 und 80).

Kapitäl: Kapitell, stammt aus dem lateinischen capitellum und bedeutet „kleiner Kopf". Hiermit wird das räumlich stärker hervortretende, meist bildhauerisch bearbeitete Zwischenstück zwischen Säule, Pfeiler oder Pilaster und der durch diese getragenen Last bezeichnet (Abb. 3, 15, 29, 42, 66 und 67).

Kappe: Gewölbeausmauerung zwischen Gurten, Graten oder Rippen (Abb. 59).

Kartusche: schildartiges Zierstück mit reicher Umrahmung aus Rollwerk. Die Innentafel kann Beschriftungen und Embleme aufnehmen (Abb.100).

Karyatide: an Stelle einer Säule verwendete Frauenplastik mit langhinfließendem Gewand (Abb. 8).

Kassettendecke: s. Balkendecke.

Kathedrale: große Kirche, in der ein Bischofssitz = Kathedra sich befindet.

Kielbogen: spätgotische Bogenform; die seitlichen Senkrechten wölben sich wie beim Spitzbogen zur Mitte, wenden sich jedoch auf halbem Wege zur überhöhten Spitze empor. Somit beschreibt jede Bogenhälfte eine der anderen gegenläufige S-Kurve (Abb. 75 (1)).

klassisch: maßvoll, klar, ausgewogen. Klassisches Altertum = griechisch-römisches Zeitalter, daher auch klassisch = jenem Kulturgut angehörig.

Kleeblattfenster: Weiterentwicklung des Schlüssellochfensters. An die Stelle der kreisförmigen, größeren Öffnung oberhalb des Fensterschlitzes (Abb. 44) tritt eine kleeblattähnliche Reihung kreisförmiger Rundöffnungen.

Klostergewölbe: Gewölbe aus Kugel- oder Zylinderzwickeln, die mit ihrer Schmalseite dem Mauerkranz des Kämpfers aufliegen und mit ihren Spitzen im Scheitelpunkt zusammenstoßen, sodaß sie im Gegensatz zum Kreuzgewölbe einspringende Ecken einschließen (Abb. 41).

Knorpelwerk: Ornament der Renaissance aus schwellenden, knorpelähnlichen Gebilden, die sich meist zu ganzen oder teilweisen Fratzen ordnen.

Konsole: aus der Wand hervorragender Tragstein. Oft sind diese Tragsteine mit schönem bildnerischem Schmuck versehen (Abb. 111 (10)).

konzentrisch: verschiedene Gegenstände mit gemeinsamem Mittelpunkt.

Konzeption: Empfängnis, Erfassen des Grundgedankens zu einer künstlerischen Schöpfung.

Krabbe: Kriechblume, Blattwerk zu rhythmischer Auflockerung strenger Schrägen in der gotischen Architektur. In seiner nach oben strebenden Dynamik ist es gleichzeitig eine Unterstützung des Ausdruckes gotischen Formgefühls (Abb. 72 und 73).

Kreuzblume: knospenähnliches Schmuckstück mit zwei, drei oder meist vier Blättern zur Bekrönung hochragender Spitzen an gotischen Bauten. Von kleinsten Ausmaßen bei Fialen wachsen sie je nach Art ihres Unterbaues bis zur Riesengröße (die Kreuzblumen der Kölner Domtürme haben eine Höhe von ca. 7 m) auf den gewaltigen Türmen der mächtigen Dome. Im Gegensatz zu den anderen pflanzlichen Darstellungen, z. B. an Kapitälen oder Schlußsteinen, sind diese Bildwerke bedeutend strenger stilisiert. Es gibt ein- und zweireihige Kreuzblumen.

Kreuzgang: Wandelhalle, die im Viereck (meist Quadrat) um den Klosterhof führt. Sie ist nach dem Hof über eine Brüstung hinweg durch Arkaden geöffnet, die in der Regel reichen bildhauerischen Schmuck tragen. Durch diesen Gang erreichen die Mönche von den Klosterräumen die Kirche.

Kreuzgewölbe: rechtwinklige Durchdringung zweier Tonnengewölbe mit gleichem Querschnitt. Tonnengewölbe sind Wölbungen mit einem Halbkreis oder einem Kreissegment als Querschnitt (Abb. 59).

Kröpfung: Knickung. Erfolgt z. B. eine Gesimskröpfung bei einem Gebäude an einem Risalit, so knickt das Gesims mit bei jeder Richtungsänderung der Wand und umläuft also das Ganze mit unveränderten Abmessungen.

Krypta: ursprünglich altchristlich: zu betretender unterirdischer Raum (Katakomben) zur Bestattung von Märtyrern. Später halbunterirdischer Raum unter dem Chor mittelalterlicher Kirchen, in dem sowohl Reliquien der Heiligen aufbewahrt als auch hohe Geistliche und weltliche hochgestellte Persönlichkeiten beigesetzt wurden. Durch diese Anlage wurde im frühen Mittelalter gleichzeitig der Boden des Chores gegenüber dem Langhaus beträchtlich enhöht und damit der Altar der Laiengemeinde entrückt, was zur Betonung des Heiligtumes beitrug (Abb. 38 und 39).

Langhaus: zusammenfassende Bezeichnung für das Mittelschiff und seine mitlaufenden Seitenschiffe der basilikalen Kirchenbauformen (Abb. 33 und 34).

Laterne: vielfenstriges Türmchen über dem Auge einer Kuppel, um dieses gegen Witterungseinflüsse abzuschirmen und dem Bauwerk eine erhöhte Bekrönung zu geben (Abb. 121 und 148).

Laternenkranz: ein mit einer Balustrade geschmückter Umgang um den Fuß der Laterne auf einer Kuppel.

Laubengang: ebenerdiger, zur Straße hin geöffneter Bogengang vor dem zurückliegenden Erdgeschoß eines Gebäudes, der unter den oberen Stockwerken durchläuft (Abb. 83, 105 und 109).

Leibung: (früher Laibung) durch rechtwinkligen Einschnitt einer Öffnung in der Mauer entstehende seitliche Flächen (Gegensatz zu „Gewände").

Lettner: im 13. Jahrhundert eingeführte, im Gegensatz zur Chorschranke, den Überblick verwehrende Trennung des Chores gegen die übrige Kirche. In der Regel führen zwei Pforten durch ihn hindurch, während darüber ein Laufgang zu dem in der Mitte befindlichen Predigtpult angeordnet ist (Abb. 48 und 76).

Lisene: glatter, flach aus der Wand hervortretender, zur Untergliederung der Fläche dienender senkrechter Mauerstreifen ohne Kopf oder Fuß (Abb. 25, 34 und 49).

Lunette: Fenster oberhalb eines Portals, das in dessen Formgebung einbezogen ist, sei es im oberen Teil des Holzwerkes der Tür oder im darüberliegenden steinernen Türabschluß (Abb. 140, 141).

Mansardendach: nach seinem umstrittenen Erfinder Fr. oder J. H. Mansart aus der ersten Hälfte des 17. Jahrhunderts benanntes Dach mit geknicktem Dachstuhl, dessen unterer Teil steiler als der obere ist und dadurch einen weiteren Innenraum bietet (Abb. 125).

Maßwerk: gotisches Bauornament, das sich aus „gemessenen" Zirkelschlägen zusammensetzt (Abb. 69, 70, 72, 73 und 74).

Medaillon: rundliches, gemaltes oder halbplastisches Ornament oder Bildwerk in einer Umrahmung (Abb. 143).

Mensa: Tisch (Altarplatte).

Mezzaningeschoß: Zwischengeschoß zwischen zwei Hauptgeschossen, das sich von diesen durch wesentlich geringere Höhe unterscheidet und meist der Dienerschaft und Wirtschaftsräumen vorbehalten ist (Abb. 95).

Mittelschiff: im basilikalen Kirchenbau der mittlere, langgestreckte Hauptraum (Benennung als Gegensatz zu den zugehörigen „Seitenschiffen") (Abb. 33 und 34).

Monogramm: einzelne, künstlerisch angeordnete oder verschlungene Buchstaben (Anfangsbuchstaben von Namen) (Abb. 122 und 123).

Münster: große Kirche, die zu einem Kloster einmal gehörte, von lateinisch monasterium = Kloster.

Muschelwerk: s. Rocaille.

Netzgewölbe: durch Häufung von Gewölberippen, deren vielfältiger Verästelung und ihren Überschneidungen reiche Unterteilung eines Gewölbes, wodurch die Wirkung eines netzartigen Musters entsteht, in dem die übersichtliche Teilung der einzelnen Gewölbejoche verschwindet (Abb. 63 und 80).

Ochsenauge: ovale Fensteröffnung, besonders in der Zeit des Barock und Rokoko (Abb. 121, 123 und 136).

Orangerie: zu Schloßanlagen gehörige Gebäude z. Zt. des Barock und Rokoko zur Aufnahme der künstlich gehaltenen südlichen Pflanzen während der kalten Jahreszeit. Da sie zunehmend auch zur Abhaltung von Festlichkeiten des Hofes herangezogen wurden, stattete man sie entsprechend ihrer wachsenden Bedeutung immer prächtiger aus, bis sie innerhalb der Gesamtanlage schließlich die Rolle eines kleinen zweiten oder Gegenschlosses spielten und als solches an den Platz der Gloriette rückten.

Paradies: Atrium, Kirchenvorhof in Gestalt eines Kreuzgangs. Die Anlage stammt von der altchristlichen Basilika her und findet vereinzelt noch in der romanischen Baukunst Verwendung (Abb. 34).

Parterre: Erdgeschoß von Gebäuden. Ferner im Barock und Rokoko der vor dem Schloß und besonders an seiner Gartenfront angelegte Platz der Parkanlage. Er wird meist in seiner Mitte von einem breiten Weg oder einem Wasserbecken auf der Hauptachse durchzogen. Ihr fügen sich zu beiden Seiten symmetrische Felder an, die mit Rasen und niedrigen Blumen bepflanzt und von schmalen bunten Kieswegen durchzogen werden. Die Wege und Blumenbeete sind zu arabesken Mustern verschlungen und oft von niedrigen, geschnittenen Buchsbaumhecken gesäumt. Figuren, Vasen und gestutzte Kübelbäumchen umstehen in kurzen Abständen die Hauptwege, während Springbrunnen u. a. Wasserkünste die Wasserbecken beleben. Die Themen für die Figuren, die inhaltlich in der Regel zumindest gruppenweise im Zusammenhang stehen, stammen meist aus der homerischen Göttersage oder Ovids Metamorphose, oder es sind Allegorien auf die Jahreszeiten, Erdteile usw. (Abb. 129 und 156).

Paß: Zirkel, ein aus verschiedenen Zirkelschlägen zusammengefügtes Ornament. Je nach Anzahl der ineinander greifenden Kreise entsteht der Drei-, Vier- oder Vielpaß (Abb. 69, 72, 73 und 74).

Pavillon: kleines alleinstehendes, meist rundes oder vieleckiges Gartenhaus, oft nur überdachte, kreisförmig aufgestellte Säulen in größeren Parkanlagen. Im Barock und Rokoko nennt man auch kleinere runde, ovale oder mehreckige Anbauten an Schlössern Eckpavillon, Seitenpavillon usw. (Abb. 149).

Perspektive: (perspicere, lateinisch = hindurchsehen) Darstellung räumlicher Gegenstände auf einer Ebene in solcher Weise, daß durch gesetzmäßiges Zusammenlaufen und Verkürzen der zur Raumtiefe hineilenden Linien beim Beschauer der räumliche Eindruck wiedererweckt wird.

Pfeiler: senkrechte Stütze, die frei im Raume steht und quadratischen oder vieleckigen Querschnitt hat, mit oder ohne Kapitäl. Ist der Pfeiler so tief in die Wand gebunden, daß er nur teilweise sichtbar wird, so entsteht ein Wandpfeiler oder Pilaster (Abb. 99). In der späten romanischen Baukunst werden die Ecken des Pfeilers abgeschrägt oder erhalten dort kleine Ecksäulchen. In der gotischen Zeit erhält der Pfeiler an jenen Stellen, an denen die Gurtbögen und Rippen ansetzen, Vorlagen in Form von Dreiviertel- und Halbsäulen, sodaß ein ganzes Bündel von tragenden Gliedern entsteht. Dabei zeigt der Kern dieser Bündelpfeiler z. T. runden, zum Teil aus zwei sich durchdringenden Quadraten entwickelten Querschnitt. Oft liegen diese Vorlagen, Dienste genannt, so dicht nebeneinander, daß vom Kern nichts mehr in Erscheinung tritt und der Grundriß die Gestalt eines Sternes mit vielen Spitzen und Rundungen annimmt (Abb.65).

Pilaster: flach aus der Wand hervortretender Pfeiler mit Fuß, Schaft und Kapitäl zur Wandverstärkung, Gebälkträger oder als Zierstück an Maueröffnungen (Abb. 99, 118, 119, 121 und 124).

Polygon: Vieleck (Abb. 9 (7), 16, 17, 61 und 77).

Portikus: Vorhalle, überdachter Vorbau vor dem Haupteingang vor allem von Schloßbauten, häufig von Säulen getragener und von einer Balustrade umgebener Balkon über dem Portal, der somit eine Unterfahrt bietet und vor der Witterung schützt (Abb. 123).

Presbyterium: Versammlungsraum der Presbyter, d. h. des Kirchenvorstandes (Gemeindeältesten), Apsis, später auch Chorraum.

Profanbau: ungeweihtes, weltliches, nicht kirchliches Bauwerk.

Profil: Kurvung oder andere Formung von Außenflächen, die in der Ansicht nur linear, dagegen in der Seitenansicht in ihren wahren Ausmaßen erkennbar ist (Abb. 135), daher im übertragenen Sinne, z. B. beim Antlitz eines Menschen, die Seitenansicht.

Putte: (italienisch, putto Einzahl, putti Mehrzahl) kleine Kinderfiguren mit und ohne Flügel, die in der Ornamentik als Beigabe von Hauptbildwerken, diese oft kontrastierend, vor allem in den Epochen des barocken und Rokokostiles verwendet wurden (Abb. 143, 145, 146 und 155).

Quader: rohbehauener, rechteckiger Naturbaustein.

Querschiff: Querhaus, der dem Ende des Langhauses der Basilika den Achsen nach im rechten Winkel vorgelagerte Bauteil. Erstmalig in der frühchristlichen Zeit. Durch ihn wird die Apsis um das Maß seiner Breite weiter vom Langhaus entfernt (Abb. 21 und 22).

Radfenster: Rundfenster, dessen einbuchtende Rahmenverzierungen sich wie Radspeichen verlängert im Mittelpunkt treffen (Abb. 47).

Rippe: in Richtung der Diagonalen eines Kreuzgewölbes gemauerte Bögen in elliptischer, halbkreisförmiger oder spitzbogiger Form, die nun an Stelle der Grate treten. Da sie geeignet sind, die Last des Gewölbes und dessen Seitenschub auf die Mauer zu übertragen, können die zwischen ihnen gemauerten Kappen der Gewölbe leichter gegeben werden (Abb. 45, 68, 79 und 80).

Risalit: aus der Flucht eines Bauwerkes in voller Höhe durchgehend vortretender Gebäudeteil (Abb. 121, 148 und 161).

Rocaille: aus Muscheln oder ihnen ähnlichen auch stilisierten Formen zusammengesetzte Ornamentik, besonders im Rokoko, dessen Name wegen der häufigen Verwendung solcher Motive daher stammt (Rocaille ist das französische Wort für Muschel) (Abb. 155).

Rollwerk: plastisch-ornamentale Aufrollung der Enden und Kanten von Zierstreifen und Umrandungen, z. B. an Kartuschen (Abb. 100).

Rose: Radfenster der Gotik mit besonders reichem Maßwerk (Abb. 69 und 70).

Rundfenster: kreisrundes Fenster, verschiedentlich durch Einbuchtungen der umschließenden Rahmung geziert (Abb. 34 und 47).

Rustika: (rustikal = bäuerlich) Quadermauer, deren Steine an der Außenseite alle in gleicher Weise in ursprünglichem Naturzustand oder nur wenig und roh behauen sind. Sie vermitteln dem Gemäuer den Ausdruck wuchtiger Kraft und Dauerhaftigkeit (Abb. 94).

Säule: senkrechte Stütze mit kreisförmigem Grundriß, die frei im Raume steht (Abb. 5, 6, 7, 14, 24, 27, 28, 29, 38 und 39). Den Übergang von ihr zum Boden bildet der Säulenfuß oder die Basis (Abb. 4, 6, 7, 14, 27, 28 und 39), den zu der durch sie getragenen Last der Säulenkopf oder das Kapitäl (Abb. 3, 15, 42, 66 und 67). Schmiegt sie sich in die Wand, einen Pfeiler oder in das Gewände ein, so bezeichnet man sie je nach dem von ihr sichtbar verbleibenden Teil als Halb-, Dreiviertel- oder Viertelsäule (Abb. 40 und 46). Im romanischen Stil nennt man zuweilen eine Säule auch Rundpfeiler.

Säulengalerie: durch kleinere Säulen und Bogen meist einseitig flankierter Umgang an oder in Gebäuden (Abb. 49).

Schlüssellochfenster: schmalhohes, schlitzartiges Fenster, dessen oberen Abschluß eine kreisrunde Öffnung bildet. Ihr Durchmesser ist größer als die Breite der unteren Fensterscharte (Abb. 44).

Schlußstein: jener Stein, auf dem die Rippen eines Gewölbes in dessen höchster Mitte zusammentreffen (Abb. 45 und 68). Auch bei Maueröffnungen schließt ein Schlußstein die von beiden Leibungen sich zur Mitte wölbenden Bogenteile zum vollständigen Bogen zusammen. Sowohl als Mitte wie auch als wichtigster statischer Teil wird er vielfach durch Form und Schmuck ausgezeichnet (Abb. 101 und 140).

Seitenschiff: im basilikalen Kirchenbau die das Mittelschiff zu beiden Seiten in seiner Länge einfach oder paarweise begleitenden Nebenräume, die sich von ihm durch Bogen absondern (Abb. 33 und 44).

Skelettbau: Gerüstbau, Bauwerke, die nur aus den notwendigsten statischen Teilen und ohne Verkleidung, wie z. B. Wände, zusammengefügt sind. In der Gotik sind diese Teile ästhetisch-künstlerisch durchformt (Abb. 58 und 72).

Sohlbank: die Fensteröffnung unten abschließender horizontaler Werkstein (Abb. 50).

Sopraporte: (italienisch, = über der Türe) hoch ausgreifender ornamentaler Schmuck des Sturzes über einer Innentüre des Barock oder Rokoko mit Stuckarbeiten und meist gemaltem oder halbplastischem Bildwerk (Abb. 143).

Staffel: Stufe, regelmäßige Reihung hinter- oder übereinander gleichbleibender oder regelmäßig kleiner oder größer werdender Elemente.

Statik: Lehre von den auf Körper einwirkenden Kräften und deren Gleichgewicht.

Stichkappe: ragt z. B. ein Fenster über das Kranzgesims der Fußlinie eines Hauptgewölbes hinauf, so ist über ihm ein kleineres Nebengewölbe erforderlich, die „Kappe", die dann seitlich im Winkel in das Hauptgewölbe „sticht" (Abb. 152).

Stil: aus dem lateinischen stilus = Griffel, Schreibstift. Hiervon übertragen auf die Eigenart der Ausdrucksweise des Schreibenden. Im Laufe der letzten 200 Jahre auch erweitert für die bildende Kunst, sei es die Eigenart der Ausdrucksform eines Künstlers, einer Gemeinschaft oder eines ganzen Zeitabschnittes.

Strebebogen: im gotischen Kirchenbau verwendete Bogen. Sie spannen sich in Schubrichtung vom Mittelschiffgewölbe hoch über die Seitenschiffe zu den umstehenden Strebepfeilern (Abb. 60 und 78). Mit ihrer Hilfe wird der seitliche Gewölbeschub von den Wänden ab- und auf die Pfeiler hinübergeleitet.

Strebepfeiler: an statisch entscheidend wichtigsten Stellen an der Außenwand gotischer Kirchen errichtete, sich nach oben verjüngende Stützen, die den seitlichen Gewölbeschub direkt oder indirekt zur Entlastung der Wände aufnehmen (Abb. 60, 77 und 78).

Stuck: beim Austrocknen schnell erhärtende, plastische, leicht zu modellierende Steinmasse aus Sand, Kalk, Marmor bzw. Gips, eventuellen Farbzusätzen und Wasser. Mit dieser Masse werden die Außenflächen von Bauteilen überzogen, geglättet, feiner verformt oder in Ornamentik und Zierplastiken verarbeitet, vor allem z. Zt. der Renaissance und besonders des Barock und

Rokoko. Durch Einmalen von Adern und Glätten mit heißen Kellen erzielt man eine dem Marmor täuschend ähnliche Wirkung = Stukkolustro.

Sturz: waagrechter oberer Abschluß von Maueröffnungen (Fenster, Türen).

Stützenwechsel: Wechsel zwischen: Pfeiler—Säule—Pfeiler—Säule (Abb. 24) = einfacher Stützenwechsel, oder Pfeiler—Säule—Säule—Pfeiler usw. (Abb. 27) = doppelter Stützenwechsel, oder Pfeiler mit vorgelegter Halbsäule—Pfeiler—Pfeiler mit vorgelegter Halbsäule—Pfeiler usw. (Abb. 40 zeigt alle Pfeiler mit vorgelegten Halbsäulen, nur sind diese je nach Bedeutung dünn und glatt oder stärker und gewirtelt, somit ist auch hier ein Stützenwechsel).

Symmetrie: Ebenmaß, Zusammenstimmung aller Teile in Maß und Zahl in Bezug auf die Mitte oder die Achsen des Ganzen.

Tambour: zylindrischer, mit Fenstern versehener Unterbau einer Kuppel (Abb. 121).

Tonne: Tonnengewölbe, bezeichnet ein Gewölbe, das die Form eines liegenden halben Zylinders hat (Abb. 119).

Trakt: einzelner vollständiger Gebäudeteil einer größeren geschlossenen Gebäudeanlage.

Treppenhaus: in Deutschland im wesentlichen erst im Barock aufkommende spezielle Räume in Schlössern und großen Gebäuden, in denen die Treppe sich befindet. Diese Treppenhäuser werden im Barock wie prächtige Festsäle reich ausgeschmückt. Die Treppe selbst wird darin nicht mehr allein ein Zweckbau, sondern hervorragende Zierde des ganzen Bauwerkes (Abb. 145, 146 und 151).

Treppenturm: Turm zur Aufnahme der Treppe (meist Wendeltreppe), der sich dem Gebäude an der Fassade oder in Ecken anschmiegt, verschiedentlich auch in das Gebäude einbezogen wird. Er wurde vor allem im Mittelalter und besonders ausdrucksvoll in der Renaissance benutzt (Abb. 96 und 115).

Trikonchos: vierteiliger Raum, dessen Grundriß eine Kleeblattform bildet, bei dem an einen Rechteckkörper drei Nischen angefügt sind (tri = drei; griechisch: Konchos = Nische; lateinisch: Apsis = Nische; daher auch Trikonchos oder Drei-Apsidengrundriß) (Abb. 9 (2), 22, 30, 61 und 77).

Triumphbogen: im romanischen Kirchenbau die stärker hervorgehobenen Bögen und zugehörigen Pfeiler, durch die sich die Vierung von Chor und angrenzenden Schiffen scheidet (Abb. 40).

Trompe: der Diagonalen parallel laufende Verbindung zweier rechtwinklig zusammenstoßender Wände, die durch einen Bogen mit nischenartiger Unterwölbung bis in den rechten Winkel hinein unterstützt ist. Fügt man also einem quadratischen Raum in allen vier Ecken eine Trompe ein, so wird hierüber der Raum achteckig. Diese Konstruktion wird viel z. B. über der Vierung von Basiliken gebraucht, da über einem Achteck die Errichtung einer Kuppel leichter möglich ist als über einem Quadrat (Abb. 41).

Tudorbogen: spätgotische Bogenform: die seitlichen Senkrechten wölben sich mit kurzem Radius nach innen, um dann die längere Strecke bis zur gedrückten Mittelspitze in flachem Bogen mit langem Radius zu überspannen (Abb. 75 (3)).

Turmnadel: sehr spitz zulaufender, kleiner, schlanker Dachreiter, ein Ziertürmchen meist ohne weiteren praktischen Nutzen (Abb. 77).

Tympanon: Feld über Portalen, das an seinem unteren Ende vom horizontalen Türsturz, nach oben und den Seiten hin vom überwölbenden Bogen begrenzt wird, später aus einem Stein ohne darunter liegenden Sturz gegeben (Abb. 46).

Umgang: 1) Beim Zentralbau mit inneren Säulenstellungen (Abb. 9) jener außerhalb der Säulen um den mittleren kuppelüberwölbten Raum herumgeführte meist niedere Raum. Er gibt dem in ihm Herumgehenden zwischen den Säulen den Blick in den Mittelraum frei, in dem meist der Gegenstand der Verehrung — Gebeine des Märtyrers oder Heiligen — beigesetzt sind (Felsendom in Jerusalem, St. Constanza und S. Stefano rotondo in Rom);
2) das über das Querhaus der mittelalterlichen Basilika sowie der gotischen Kathedralen und Hallenkirchen hinaus und um Chor und Apsis herumgeführte Seitenschiff (Abb. 80).

Vierung: bei der Durchdringung von Mittel- und Querschiff entstehender Raumteil, meist durch Bogen gegen die angrenzenden Räume gleichzeitig abgesondert und geöffnet (Abb. 33).

Vierungskuppel: Überwölbung der Vierung (Abb. 41). Sie kann als Kuppel nach außen in Erscheinung treten, wird jedoch meist außen durch Turm und Turmhelm umkleidet (Abb. 34). Ist eine Lichtöffnung in ihrer höchsten Mitte (das Auge), so kann diese durch ein kleines, vielfenstriges Türmchen (die Laterne) gekrönt werden.

Vierungsquadrat: s. Vierung: das durch die Durchdringung von Mittelschiff und Querschiff entstehende Grundriß-Rechteck oder meist -Quadrat, das sich in der Regel durch besonders kräftige Bögen über seinen Kanten von den angrenzenden Räumen scheidet (Abb. 33, 34 und 41).

Vierungsturm: die Vierung nach außen hervorhebender, krönender Turm (Abb. 34).

Volute: S-förmiges, an den Enden spiralig eingerolltes Schmuckelement.

Vorhangbogen: spätgotische Bogenform: die seitlichen Senkrechten knicken rechtwinklig zur Mitte und krümmen sich dann im Kreisbogen zur Mittelspitze empor. Sie bilden somit Kurven wie beide Hälften eines zweiteiligen nach beiden Seiten gerafften Vorhanges (Abb. 75 (2)).

Wandelgang: ein sich nach der Seite durch Arkaden öffnender Raum, wie etwa in den Innenhöfen der Paläste der italienischen oder den Schlössern der deutschen Renaissance, in neuzeitlichen Brunnenanlagen von Kurorten u. dgl.
Auch die Seitenschiffe der frühchristlichen und mittelalterlichen Basiliken sind solche durch Arkaden geöffneten Räume. Jedoch sollte hier der Begriff „Seitenschiff" beibehalten werden, da sie ja nicht zum Herumwandeln dienen und durch ihre besondere Eigenart der Gestaltung sakralen Charakter haben.

Wandpfeiler: nur teilweise sichtbarer, im übrigen in die Wand eingegliederter Pfeiler (Abb. 119).

Wasserspeier: läßt das in den Traufen gesammelte Regenwaser von der Mauer entfernt ablaufen. Z. Zt. der Spätromanik und vor allem in der Gotik wird er bildhauerisch bearbeitet und meist zu sinnbildlichen Figuren gestaltet, z. B. das Laster als Drache oder das Alter als Greis (Abb. 51).

Wimperg: gotischer, meist von Fialen flankierter Ziergiebel über Maueröffnungen von Kirchen.

Das Feld zwischen Maueröffnungen und Giebelschrägen, die von Krabben geziert sind, füllt Maßwerk aus. Auf der Spitze erhebt sich eine Kreuzblume (Abb. 73).

Zenit: Scheitelpunkt, höchster Punkt einer Kurve oder einer Wölbung.

Zentralbau: regelmäßige Anordnung von mehreren gleichartigen Räumen um einen Hauptraum, in den sie sich öffnen und der seinerseits ebenfalls allseitig gleich gestaltet ist (Abb. 9, 16, 17, 30, 61, 77, 130 und 148).

Zwerggalerie: Reihung proportional des Gebäudes sehr kleiner Säulchen und Bögen zur Auflockerung großer Mauerflächen. Sie dient nicht zum Begehen, sondern lediglich der Zierde (Abb. 34 und 49).

Zwillingsfenster: zwei nah nebeneinander angeordnete Fenster, deren Öffnungen nur noch durch eine oder zwei hintereinander gestellte Säulchen getrennt werden (Abb. 44).

VERZEICHNIS DER ABBILDUNGEN

Die erste Ziffer gibt die Abbildungsnummer, die letzte Ziffer die Seitenzahl an

ORTS- UND KÜNSTLERREGISTER

Die hinter den Namen angegebenen Zahlen bedeuten die Seiten; sind die Zahlen eingeklammert, so weisen sie darauf hin, daß es sich auf dieser Seite um eine Abbildung mit zugehörigem Text handelt. Doppelpunkt kennzeichnet den Namen als Ort.

QUELLENNACHWEIS

Appel, Heinrich „Plastik am Bau", Verlag Ernst Wasmuth, Berlin, 1944

Bier, Justus „Tilman Riemenschneider", Verlagsdruckerei Würzburg GmbH., 1925

Brandt, Paul „Sehen und Erkennen", Alfred Kröner Verlag, Leipzig, 1925

Burger, Dr. Fritz — Brinckmann, Prof. Dr. A. E. „Handbuch der Kunstwissenschaften", Akademische Verlagsgesellschaft Athenaion m. b. H., Berlin Neubabelsberg

Debio, Georg - Bezold, G. v. „Die kirchliche Baukunst des Abendlandes", Cotta'sche Buchhandlung, Stuttgart, 1884

Debio, Georg „Geschichte der Deutschen Kunst", Vereinigung wissenschaftlicher Verleger, Walter de Gruyter & Co., Berlin und Leipzig, 1919.

Debio, Georg „Handbuch der deutschen Kunstdenkmäler", Verlag Ernst Wasmuth AG., 1920

Feulner, Adolf „Ignaz Günther", Münchner Verlag (bisher F. Bruckmann), 1947

Flesche, Hermann „Fünf deutsche Baumeister", Georg Westermann Verlag, Braunschweig—Berlin—Hamburg, 1947

Freeden, Max H. v. „Würzburg im Bild", Die Sammlung Parthenon / Neue Folge, 1947

Glassner, Helga - Clasen, K. H. „Zehn deutsche Dome", Atlantis-Verlag, Berlin, 1939

Gröber, Dr. Conrad „Die Reichenau", Verlag Badenia, Karlsruhe, 1938

Grote, Ludwig „Deutsche Gärten des 18. Jahrhunderts", Die Sammlung Parthenon / Neue Folge, 1942/46

Haendcke, B. „Entwicklungsgeschichte der Stilarten", Verlag Velhagen & Klasing, Bielefeld—Leipzig, 1924

Hagemeyer, Hans „Gestalt und Wandel des Reiches", Propyläen-Verlag, Berlin, 1944

Hartmann, Prof. K. O. „Stilkunde, I. und II.", Verlag Walter de Gruyter & Co., Berlin—Leipzig, 1928, „Sammlung Göschen"

Hege-Barthel „Barockkirchen in Altbayern und Schwaben", Deutscher Kunstverlag, Berlin, 1941

Heise, Georg - Röthel, Hans Konrad „Der Figurenschmuck des Parkes von Veitshöchheim von Ferdinand Dietz" in „Der Kunstbrief", Verlag Gebr. Mann, Berlin

Hielscher, Kurt „Deutschland, Baukunst und Landschaft", Verlag Ernst Wasmuth AG., Berlin, 1924

Hotz, Walter - Seeger, Theodor „Die Münster am Oberrhein", Deutscher Kunstverlag, Berlin, 1943

Jahn, Johannes „Wörterbuch der Kunst", Alfred Kröner Verlag, Stuttgart, 1940

Jantzen, Hans „Ottonische Kunst", Münchner Verlag (bisher F. Bruckmann), 1947

Joseph, Dr. D. „Geschichte der Baukunst vom Altertum bis zur Neuzeit", Verlag A. Schumann, Leipzig, 1912

Lambert - Stahl „Die Architektur von 1750 - 1850", Verlag Ernst Wasmuth AG., Berlin

Lamer, Hans mit Ernst Bux und Wilhelm Schöne „Wörterbuch der Antike", Alfred Kröner Verlag, Leipzig, 1933

Langewiesche, Karl Robert „Tore, Türme und Brunnen aus vier Jahrhunderten deutscher Vergangenheit", Karl Robert Langewiesche Verlag, Königstein i. T. und Leipzig, 1922

Lill, Georg „Hans Leinberger, der Bildschnitzer von Landshut", Verlag F. Bruckmann, München, 1942

Lill, Georg „Deutsche Plastik", Wegweiser-Verlag GmbH., Berlin, 1925

Lübke-Semrau „Die Kunst der Renaissance in Italien und im Norden", Paul Neff Verlag (Max Schreiber), Stuttgart, 1905

Lübke-Semrau „Die Kunst der Barockzeit und des Rokoko", Paul Neff Verlag (Max Schreiber), Esslingen am Neckar, 1913

Lützeler „Vom Sinn der Bauformen", Herder & Co. GmbH. Verlagsbuchhandlung, Freiburg im Breisgau

Müseler, Wilhelm „Geist und Antlitz der romanischen Zeit", Safari Verlag Carl Boldt, Berlin

Müseler, Wilhelm „Geist und Antlitz der Gotik", Safari Verlag Carl Boldt, Berlin

Müseler, Wilhelm „Geist und Antlitz der Renaissance" Safari Verlag Carl Boldt, Berlin

Müseler, Wilhelm „Geist und Antlitz des Barock", Safari Verlag Carl Boldt, Berlin

Müseler, Wilhelm „Deutsche Kunst im Wandel der Zeiten", Safari Verlag Carl Boldt, Berlin, 1938

Müseler, Wilhelm „Europäische Kunst, Völker und Zeiten", Safari Verlag Carl Boldt, Berlin, 1942

Pinder, Wilhelm „Deutsche Burgen und feste Schlösser", Karl Robert Langewiesche-Verlag, Königstein i.T. und Leipzig, 1942

Pinder, Wilhelm „Deutscher Barock", Karl Robert Langewiesche-Verlag, Königstein i. T. und Leipzig

Pinder, Wilhelm „Deutsche Dome des Mittelalters", Karl Robert Langewiesche-Verlag, Königstein i. T. und Leipzig, 1941

Pinder, Wilhelm - Hege, Walter „Der Bamberger Dom und seine Bildwerke", Deutscher Kunstverlag, Berlin, 1933

Rave, Paul Ortwin „Romanische Baukunst am Rhein", Verlag Friedrich Cohen, Bonn, 1922

Schardt, Alois J. „Die Kunst des Mittelalters in Deutschland", Rembrandt-Verlag GmbH., Berlin, 1941

Scheffler, Karl „Deutsche Baumeister", Bruno Cassirer Verlag, Berlin, 1934

Schmohl-Staebelin „Barockbauten in Deutschland", Verlag Karl Ebner, Stuttgart

Schubert von Soldern „Architektonische Formenlehre I", Verlag Art. Institut Orel Füssli, Zürich, 1907

Speemann, Wilhelm „Kunstlexikon", Verlag von W. Speemann, Berlin und Stuttgart, 1905

Springer, Anton „Handbuch der Kunstgeschichte IV", Verlag E. A. Seemann, Leipzig, 1896

Thoma, Hans „Landshut", Angelsachsen-Verlag, Bremen

Waetzoldt, Wilhelm „Du und die Kunst", Deutscher Verlag, Berlin, 1938

Wasmuth „Lexikon der Baukunst", Verlag Ernst Wasmuth AG., Berlin, 1930

Wieszner „Der Pulsschlag der deutschen Stilgeschichte", Akademischer Verlag Dr. F. Wedekind & Co., Stuttgart, 1929

Wothe, Heinrich „Mainz, ein Heimatbuch", Verlag Joh. Falk 3. Söhne GmbH., Mainz, 1928.

Sonderausgabe für Gondrom Verlag GmbH & Co. KG, Bindlach, 1990

Julius Hermann Schröder: Deutsche Baugeschichte. Einhundertzweiundneunzig Seiten
mit einhundertvierundsechzig Abbildungen nach eigenen Zeichnungen des Verfassers (signiert „Li“).
Umschlaggestaltung: Creativ Werbe- und Verlags-GmbH, U. Kolb, Leutenbach
ISBN 3-8112-0677-X